宋元史料叢刊

島夷誌略新校

〔元〕汪大淵 撰
楊曉春 張平鳳 整理

上海古籍出版社

圖書在版編目(CIP)數據

島夷誌略新校 / (元) 汪大淵撰 ; 楊曉春, 張平鳳整理. -- 上海 : 上海古籍出版社, 2024. 11. -- (宋元史料叢刊). -- ISBN 978-7-5732-1380-8

Ⅰ. K916

中國國家版本館 CIP 數據核字第 2024ZT7624 號

島夷誌略新校

〔元〕汪大淵　撰

楊曉春、張平鳳　整理

上海古籍出版社出版發行

(上海市閔行區號景路 159 弄 1-5 號 A 座 5F　郵政編碼 201101)

(1) 網址: www.guji.com.cn

(2) E-mail: guji1@guji.com.cn

(3) 易文網網址: www.ewen.co

山東韻傑文化科技有限公司印刷

開本 850×1168　1/32　印張 9.5　插頁 2　字數 174,000

2024 年 11 月第 1 版　2024 年 11 月第 1 次印刷

ISBN 978-7-5732-1380-8

K·3719　定價: 58.00 元

如有質量問題,請與承印公司聯繫

宋元史料叢書編輯緣起

平時研究與教學過程中，往往會閲讀、利用一些篇幅雖然不大，但是史料價值較高，却尚未得到現代整理或者已有整理工作尚待完善的歷史文獻，尤其以有關元代歷史和宋元之際、元明之際歷史的文獻居多，於是萌生出專門整理此類歷史文獻並彙編成叢書的設想。

自二〇一七年提出初步想法並開列十八種歷史文獻的書單至今，不覺已經七年之久。現在上海古籍出版社的鼎力支持下，叢書即將陸續出版，謹略述緣起如上。

並略作本叢書整理的基本説明如下：

一、整理以標點（標線）與校勘爲基本的方式。

二、除了點校這一主體工作，還盡量通過各種附録（索引）的編製，增加所整理的歷史文獻的閲讀和使用的便利度，增强整理工作的學術性。至於附録（索引）的具體編製方式，則不拘一格。

楊曉春

二〇二四年八月一日

前言

一

元人汪大淵所撰島夷誌略是有關古代海上絲綢之路歷史的一部名著，享譽中外。該書條目衆多，記録系統，内容豐富。全書百條，除去末條「異聞類聚」，以海外地方列爲專門條目者即已達九十九條之多，其他涉及海外地名更多，總體上超過此前宋代的嶺外代答和諸蕃志，更遠超此後明代的瀛涯勝覽和星槎勝覽。然而島夷誌略閲讀中的障礙也比較大，因此此書的現代整理是直接關係到此書的理解與利用的。

島夷誌略的現代整理本中，最爲重要也最爲學界廣泛利用的是蘇繼廎島夷誌略校釋。校釋完成於一九六〇年代，舊稿經過姚楠整理（包括通校藤田豐八島夷誌略校注），一九八一年收入中外交通史籍叢刊於中華書局出版，二〇〇〇年重印，誤字略有改正。校釋是島夷誌略整理與研究的集大成之作，其學術貢獻主要體現在兩個方面：其一，利用當時所能利用的版本，對島夷誌略進行了全面的校勘。底本爲文津閣四庫全書本，參校本爲龍氏知服齋叢書本、彭氏知聖道齋鈔本（原書藏北京圖書館，所用爲過録本）、丁氏竹書堂鈔本（原書藏南京圖書館，所用爲過録本）。校勘中還參考了寰宇通志引島夷志、星槎勝覽等其他文獻，也吸收了沈曾植島夷誌略廣證（收入古學彙刊）、藤田豐八島夷誌略校注（收入雪堂叢刻）中的校勘成果（以藤田豐八爲主）。其二，校釋系統地吸收了有關島夷誌略的中外研究成果，如夏德（Friedrich Hirth）和柔克義（William W. Rockhill）諸蕃志譯注（*Chau Ju-Kua: His Work on the Chinese and Arab Trade in the Twelfth and Thirteenth Centuries, Entitled Chu-fan-chi*）、沈曾植島夷誌略廣證、藤田豐八島夷誌略校注、柔克義十四世紀時中國與南洋群島印度洋沿岸諸港往來貿易考（「Notes on the Relations and Trade of China with the Eastern Archipelago and Coast of Indian Ocean during the Fourteenth Century」）、伯希和（Paul Pelliot）真臘風土記譯注（*Mémoires sur les Coutumes du Cambodge de Tcheou Ta-Kouan*）等，就島夷誌略涉及的各種名物制度進行了全面的注釋。特別是在地名方面，考證的難度很大，島夷誌略校釋上下貫通，廣引中外史料及研究成果，給予系統的解釋，不啻於一部傳統時代南海地名的工具書。此外，島夷誌略校釋還前附長篇緒論，略述傳統時代中國的海上絲綢之路交通，考證汪大淵的生平和島夷誌略的成書問題，並交代校勘、注釋方面的基本情況；後附有關島夷誌略資料、域外地名表、域外物産貿易品名三種附録，也都具有學術價值。

島夷誌略校釋出版之後，尚未見有新的校勘本問世，新加標點的則有汪前進譯注本島夷誌略（遼寧教育出版社，一九九六年）和許全勝整理本沈曾植島夷誌略箋注（收入許全勝沈曾植史地著作輯考，中華書局，二〇一九年）。汪前進譯注本是以蘇繼廎島夷誌略校釋爲底本進行翻譯的，但是有所改動，譯注者自稱：「在標點、分段方面做了少量變動。」沈曾植史地著作輯考中之島夷誌略箋注是對上海圖書館藏沈曾植在知服齋叢書本上進行箋注的原稿本（内容較島夷誌略廣證略多）的完全整理，新加了標點、標線、分段。簡單比對，可以發現相關標點、分段與島夷誌略校釋大抵一致。許全勝沈曾植史地著作輯考中還有沈曾植校勘、注釋島夷誌略成績的詳細説明。

總之，迄今爲止有關島夷誌略的校勘本，主要有沈曾植島夷誌略廣證（以知服齋叢書本爲底本）、藤田豐八島夷誌略校注（以知服齋叢書本爲底本）、蘇繼廎島夷誌略校釋（以文津閣四庫全書本爲底本）共三種，其中又以後出之島夷誌略校釋利用了更多的版本，全面反映不同版本的文字差異，也吸收了前人的校勘成果，最具價值；而在標點、標線、分段等方面，沈曾植島夷誌略廣證、藤田豐八島夷誌略校注二書並不涉及，蘇繼廎島夷誌略校釋則篳路藍縷，亦是成績斐然。

不過，島夷誌略校釋在校勘、標點中還存在着一些不足。其一，島夷誌略校釋未能準確分析現存各種版本之間的關係，對於彭本的價值未能充分注意，而以文津閣四庫全書本爲底本，恰恰此本對於闕字之處往往以己意補出，不免失誤。其二，限於當時條件，島夷誌略校釋未能利用文淵閣四庫全書本，而此本恰恰有其獨到的校勘價值。一方面，文淵閣四庫全書本文字比較準確，據此本可以勘正其他版本的衆多文字錯誤；一方面，文淵閣四庫全書本保留了所據版本的闕字，據此可以推測文津閣四庫全書本妄補文字的錯誤。這一情況，似乎還没有引起學界的足够重視。其三，島夷誌略校釋在引述其他版本的文字時還有不夠準確之處，標點、標綫方面也存在着一些錯誤，分段也有可以改進之處。因此，島夷誌略的重新整理仍有一定的必要。（本段所涉及的島夷誌略現存各種版本的基本情況、各種版本之間的關係、島夷誌略校釋在校勘方面的不足、文淵閣四庫全書本的校勘價值等方面的詳細闡述，請參考本書附録四「島夷誌略的版本與校勘問題」。）

二

現在所作新整理本，主要的工作是在島夷誌略校釋（中華書局，一九八一年五月第一版，二〇〇〇年四月北京第二次印刷）的基礎上重新進行點校。新點校本以島夷誌略校釋本爲底本，主要通過景印文淵閣四庫全書本進行通校，也有針對性地核對了知聖道齋鈔本等多個版本，並根據對原書内容的理解，改正部分底本文字，同時還調整底本的分段和標點、標線，從而獲得文字更佳、更便於閱讀的文本。

校勘工作，主要包括六個方面：第一，利用景印文淵閣四庫全書本改正底本的錯字。第二，以景印文淵閣四庫全書本更佳的文字表達替换底本的相關文字。第三，注出景印文淵閣四庫全書本中也可以成立的異文。第四，通覽沈曾植島夷誌略箋注和藤田豐八島夷誌略校注的校勘成果，予以補充。島夷誌略箋注用許全勝整理本，整理本間或改正底本錯字，也偶或採納。第五，根據上下文以及文意的理解，改正底本文字。第六，根據上下文以及文意的理解，就底本文字作出補充説明。以上均在校勘記中具體説明。

標點等工作，包括三個方面：第一，基於島夷誌略敘述方式和敘述習慣的理解，基於文意的理解，重新考慮全書的標點。第二，基於突出記録一地輸出的商品（地産）和輸入的商品（貿易之貨/貨）的重視與系統記載，將之作爲一個單獨的段落對待，從而調整全書分段。許全勝整理本沈曾植島夷誌略箋注已如此處理，可取。第三，調整少量的標線。以上改動均未作具體説明。此外，有一處標點的使用相較通常的標點使用規則有所變通，大多數條目輸出商品羅列甚多，用頓號間隔，但偶有一種商品有具體描述，具體描述部分用逗號。

文字基本上完全改用通行繁體字，少量使用通行的異體字。因此，景印文淵閣四庫全書本與底本字形不同的地方，如纏纒、緞緞、麁粗之類，均不出校。

三

在專門事項的索引方面，島夷誌略校釋附録中的域外地名表（包括中文地名和外文地名兩項）、域外物産貿易品名索引給使用者提供了極大的方便。汪前進譯注本島夷誌略的導言中，從科技文化的角度對島夷誌略作出系統的分析，分爲四個方面：一、地學方面（地學思想、地理形勢及地位、氣候特征和分類、土壤分級、風向、水情），二、動植物、醫學方面（植物、農作物和果樹、動物、醫藥學、香料），三、技術等方面（造船技術、紡織品、陶瓷製品、酒類、金屬製品、生活用品、礦物與寶石及其製品），四、中外交流關係方面（華僑、物品交換、文化交流、對待華人的態度），涉及面十分廣泛，對於從内容方面重新整理島夷誌略很有參考價值。

爲了便於内容的利用，新整理本除了重新點校之外，還在島夷誌略校釋所附域外地名表、域外物産貿易品名索引之外，增加多種專門事項的索引。此類專門事項的索引，主要包括十個方面：自然地理、關聯地名、海上交通、貿易貨幣、人種特征、衣冠服飾、社會發展、宗教信仰、歷史紀録、比較評論。

這些事項，往往内容豐富，索引中不但注明相關條目名稱（即海外地名），還往往將原文分别附後，以便閲讀和比較。此種索引，相當於將原書的部分内容按照今日的知識框架進行了重新編排，因此稱爲「綜合索引」。

島夷誌略是一部史料價值非常高的書，也是一部閲讀困難相當大的書，部分的閲讀困難，是與此書没有較早較好的版本傳世有一定關係的。元末的兩種刊本早就不知去向，甚至現存各種版本的主要源頭天一閣藏舊鈔本也了無蹤跡，因此，從校勘的角度重新整理此書便成了現有工作的核心。前賢在此書的整理方面已經做出了非常了不起的成績，希望這一新整理本能夠在校勘、標點以及索引方面取得些許進步，也衷心希望讀者不吝批評指正。

楊曉春、張平鳳

二〇二二年二月十日於寶華山西麓

目録

島夷誌略序〔一〕

九海環大瀛海，〔二〕而中國曰赤縣神州，其外爲州者復九，有裨海環之，〔三〕人民禽獸莫能相通，如一區中者乃爲一州。此騶氏之言也，人多疑其荒唐誕誇。〔四〕況當時外徼未通於中國，將何以徵驗其言哉？漢唐而後，於諸島夷力所可到，利所可到，班班史傳，固有其名矣。然考於見聞，多襲舊書，未有身遊目識，而能詳記其實者，〔五〕猶未盡徵之也。〔六〕

西江汪君煥章，當冠年，嘗兩附舶東、西洋，所過輒採録其山川、風土、物産之詭異，〔七〕居室、飲食、衣服之好尚，與夫貿易、賚用之所宜，〔八〕非其親見不書，則信乎其可徵也。與予言：「海中自多鉅魚，若蛟龍鯨鯢之屬群出游，鼓濤距風，〔九〕莫可名數。舟人燔雞毛以觸之，則遠游而没。一島嶼間或廣袤數千里，島人浩穰。其君長所居，多明珠、麗玉、犀角、象牙、香木爲飾，橋梁或甃以金銀，若珊瑚、琅玕、玳瑁，人不以爲奇也。」所言由有可觀，〔十〕則騶衍皆不誕，焉知是誌之外，煥章之所未歷，不有瑰怪廣大又逾此爲國者歟！大抵一元之氣，充溢乎天地，其所能融結爲人爲物。惟中國文明，則得其正氣，環海於外，氣偏於物，而寒燠殊候，材質異賦，固其理也。今乃以耳目弗逮而盡疑之，〔十一〕可乎？莊周有言：「六合之外，聖人存而不論。」然博古君子，求之異書，亦所不廢也。泉修郡乘，既以是誌刊入，煥章將歸，復刊諸西江，以廣其傳，故予序之。至正十年龍集庚寅二月朔日，翰林修撰河東張翥敘。〔十二〕

校勘記

〔一〕島夷誌略序　島夷誌略校釋本（以下簡稱爲校釋本）所據底本文津閣四庫全書本（以下簡稱爲文津四庫本）書前三序均闕，據丁本、彭本、龍本及張氏愛日精廬藏書志、陸氏皕宋樓藏書志補。張氏、陸氏二書未有序題，丁本於張翥序前書「原序」二字，彭本、龍本於張翥序前書「島夷誌略序」五字，校釋本分别改題「張序」、「吴序」、「附清源郡志序」。文淵閣四庫全書本（以下簡稱爲文淵四庫本）於張翥序前題「島夷誌略原序」，吴鑒第二序（即「清源續志序」）前題「島夷誌略序」，想來是爲了區分本屬於島夷誌略之二序與本屬於清源續志之序，將前面的序言改題作「原序」。序題以彭本最爲簡明，今據彭本。

〔二〕九海環大瀛海　前一「海」，校釋本作「州」，文淵四庫本作「海」，校釋本校勘記稱丁本作「州」，彭本、龍本作「海」。按騶衍之説見於史記孟子荀卿列傳，講中國稱赤縣神州，内分爲九州，再往外與中國類似者有九，亦稱九州，每一州之外各圍繞着裨海（索隱釋裨海爲小海，與大瀛海相對），再往外圍繞着大瀛海。如此看來，作「海」更佳，今仍改作「海」。

〔三〕有裨海環之　「裨」，文淵四庫本作「裨」。

〔四〕人多疑其荒唐誕誇　「疑」，校釋本作「言」，彭本、文淵四庫本作「疑」，更佳，據改。

〔五〕而能詳記其實者　「記」，校釋本無，據彭本、文淵四庫本補。

〔六〕猶未盡徵之也　「徵之」，校釋本作「之徵」，據彭本、文淵四庫本乙。

〔七〕所過輒採録其山川風土物産之詭異　「過」，彭本、文淵四庫本作「遇」。

〔八〕與夫貿易賫用之所宜　「賫」，校釋本作「賚」，據文淵四庫本改。「賫」，沈曾植改爲「資」。

〔九〕鼓濤距風　「距」，校釋本作「拒」，其校勘記云：「拒風　『拒』張志作『鉅』，丁本、彭本、龍本皆作『距』，陸志作『拒』，今依陸志。」可知係據陸氏皕宋樓藏書志改，陸氏係據文瀾四庫傳抄本，而文淵四庫本作「距」，同於彭本等，今據改。又查丁本，作「鉅」，校釋本誤引。

〔十〕所言由有可觀　「由」，校釋本作「尤」，係據彭本、龍本，而丁本作「由」。按作「尤」於文意不甚通暢，而文淵四庫本作「由」，今據改。

〔十一〕今乃以耳目弗逮而盡疑之　「逮」，彭本、文淵四庫本作「迨」。

〔十二〕翰林修撰河東張翥序　「敘」，校釋本作「序」，彭本、文淵四庫本、龍本作「敘」，今改。

中國之外，四海維之。海外夷國以萬計，唯北海以風惡不可入。東、西、南數千萬里，皆得梯航以達其道路，象胥以譯其語言。惟有聖人在乎位，則相率而效朝貢，通互市，〔一〕雖天際窮髮不毛之地，無不可通之理焉。

世祖皇帝既平宋氏，始命正奉大夫、工部尚書、海外諸蕃宣慰使蒲師文，與其副孫勝夫、尤永賢等通道外國，撫宣諸夷。獨爪哇負固不服，遂命平章高興、史弼等帥舟師以討定之。自時厥後，唐人之商販者，外蕃率待以命使臣之禮，故其國俗、土産、人物、奇怪之事，中土皆得而知，奇珍異寶，流布中外爲不少矣。然欲考求其故實，則執事者多秘其説，鑿空者又不得其詳。

唯豫章汪君焕章，少負奇氣，爲司馬子長之遊，足跡幾半天下矣。顧以海外之風土，國史未盡其藴，因附舶以浮於海者數年然後歸。〔二〕其目所及，皆爲書以記之。較之五年舊誌，〔三〕大有徑庭矣。以君傳者其言必可信，〔四〕故附清源續誌之後。〔五〕不惟使後之圖王會者有足徵，亦以見國家之懷柔百蠻，蓋此道也。至正己丑冬十有二月望日，〔六〕三山吴鑒序。

校勘記

〔一〕則相率而效朝貢通互市　「通」，校釋本無。其校勘記後姚楠補：「效朝貢互市　龍本『互市』上有『通』字。」彭本、文淵四庫本有。按後文云『無不可通之理焉』，則以有『通』爲佳，今據彭本、文淵四庫本補。

〔二〕因附舶以浮於海者數年然後歸　「舶」，文淵四庫本作「船」。

〔三〕較之五年舊誌　「較」，校釋本作「校」，據文淵四庫本改。

〔四〕以君傳者其言必可信　「傳」，沈曾植改作「儒」。

〔五〕故附清源續誌之後　文淵四庫本「附」後有「録」字。「誌」，校釋本作「志」，彭本、文淵四庫本等同，按通篇島夷誌略等書名或略稱均作「誌」，故改爲「誌」。

〔六〕至正己丑冬十有二月望日　「十有二月」，文淵四庫本作「十月又二」。

古有九丘之書，誌九州之土地所有、風氣之宜，與三墳五典並傳。周列國皆有史，晉有乘，〔一〕楚有檮杌，魯有春秋是也。〔二〕孔子定書，以黜三墳；衍述職方，以代九丘。筆削春秋，以寓一王法；而乘與檮杌，〔三〕遂廢不傳。及秦罷侯置守，廢列國史，漢馬遷作史記，〔四〕闕牧守年月不表，郡國記載，〔五〕浸無可考，學者病之。厥後江表、華陽有誌，汝潁之名士、襄陽之耆舊有傳，隋大業首命學士十八人著十郡誌，凡以補史氏之闕遺也。

閩文學始唐，至宋大盛，故家文獻，彬彬可考，時號海濱洙泗，蓋不誣矣。國朝混一區域，至元丙子，郡既内附，繼遭兵寇，郡域之外，莽爲戰區，雖值承平，未能盡復舊觀。〔六〕清源前誌放失，後誌止於淳祐庚戌，逮今百有餘年。前政牧守，多文吏武夫，急簿書期會，而不遑於典章文物。比年修宋、遼、金三史，詔郡國各上所録，〔七〕而泉獨不能具，無以稱德意，〔八〕有識愧焉。

至正九年，朝以閩海憲使高昌偰侯來守泉，臨政之暇，考求圖誌。顧是邦古今政治、沿革、風土、習尚，變遷不同，太平百年，譜牒猶有遺逸矣，今不紀，後將無徵。遂分命儒士，〔九〕搜訪舊聞，隨邑編輯成書。鑒時寓泉，辱命與學士君子裁定删削，爲清源續誌二十卷，以補清源故事。然故老澌没，〔十〕新學淺於聞見，前朝遺事，蓋十具一二以傳焉。〔十一〕至正十一年暮春修禊日，三山吴鑒序。

校勘記

〔一〕晉有乘　校釋本作「晉有乘輿」，文淵四庫本同，彭本將「輿」劃去，龍本作「晉有乘」，是，據改。按有關晉、楚、魯之史書出自孟子離婁下，曰：「晉之乘，楚之檮杌，魯之春秋，一也。」朱熹四書章句集注孟子集注卷八离婁章句下，中華書局，一九八九年，第二九五頁。

〔二〕魯有春秋是也　「有」，文淵四庫本作「之」。

〔三〕而乘與檮杌　「乘與檮杌」，校釋本作「乘輿與檮杌」，文淵四庫本作「乘輿、檮杌」，彭本將「乘輿檮杌」之「輿」改爲「與」，龍本作「與」，今據彭本改。

〔四〕漢馬遷作史記　「漢馬遷」，校釋本作「西漢司馬遷」，文淵四庫本作「漢馬遷」，前稱「秦」，此稱「漢」，似更佳，據改。

〔五〕郡國記載　「載」，校釋本無，彭本、文淵四庫本有，爲四字句，更佳，據增。

〔六〕未能盡復舊觀　文淵四庫本「觀」字後另有一「觀」字，則屬後。

〔七〕詔郡國各上所録　校釋本「所録」前有「其」字，彭本、文淵四庫本無，據删。

〔八〕無以稱德意　「以」，校釋本無，據所録文淵四庫本增。

〔九〕遂分命儒士　「士」，彭本、文淵四庫本作「生」。

〔十〕然故老澌没　「没」，彭本、文淵四庫本作「愚」。

〔十一〕蓋十具一二以傳焉　「焉」，彭本、文淵四庫本作「言」。

島夷誌略

1 彭湖

島分三十有六，巨細相間，坡隴相望。乃有七澳居其間，各得其名。自泉州順風二晝夜可至。有草無木。土瘠，不宜禾稻。泉人結茅爲屋居之。氣候常暖。風俗朴野，人多眉壽。男女穿長布衫，繫以土布。煮海爲鹽，釀秫爲酒，採魚蝦螺蛤以佐食，爇牛糞以爨，魚膏爲油。地產胡麻、緑豆。山羊之孳生，數萬爲群，家以烙毛刻角爲記，晝夜不收，各遂其生育。土商興販，〔一〕以樂其利。

地隸泉州晉江縣。至元間，〔二〕立巡檢司。以週歲額辦鹽課中統錢鈔一十錠二十五兩，別無科差。

校勘記

〔一〕土商興販　「土」，校釋本作「工」，文淵四庫本作「土」。味其文意，指以興販山羊獲利，則爲商而不及工，據文淵四庫本改。

〔二〕至元間　「間」，文淵四庫本作「年間」。

2　琉球

地勢盤穹，林木合抱。山曰翠麓，曰重曼，曰斧頭，曰大崎。其大崎山極高峻，〔一〕自彭湖望之甚近。余登此山，則觀海潮之消長，夜半則望暘谷之日出，紅光燭天，山頂爲之俱明。土潤田沃，宜稼穡。氣候漸暖。俗與彭湖差異。水無舟楫，以筏濟之。男子、婦人拳髮，以花布爲衫。煮海水爲鹽，釀蔗漿爲酒。知番主酋長之尊，有父子骨肉之義。他國之人倘有所犯，則生割其肉以啖之，取其頭懸木竿。

地產沙金、黄荳、黍子、〔二〕硫黄、黄蠟、鹿豹麂皮。貿易之貨，用土珠、瑪瑙、金珠、〔三〕粗碗、處州磁器之屬。

海外諸國，蓋由此始。

校勘記

〔一〕其大崎山極高峻　「大崎」，校釋本作「峙」，文淵四庫本同。沈曾植將「峙」點去，藤田以爲「『其』殆爲『大』之誤，

『峙』乃『崎』之譌」。此句敘述，自然承前文琉球四山而言，然而後文稱「余登此山」，則爲一山而非四山，故點去「峙」作「其山」不當。今參考藤田校勘意見，將「峙」改爲「大崎」。「其」字自順承琉球四山而來，又不易譌爲「大」，故保留。

〔二〕黍子　「黍」，文淵四庫本作「麥」。

〔三〕金珠　藤田云：「『金』殆『珍』之譌。星槎勝覽天一閣本云：『貨用珍珠、瑪瑙、磁碗之屬。』」

3　三島

居大崎山之東，嶼分鼎峙。有疊山層巒，民傍緣居之。田瘠，穀少。俗質朴。氣候差暖。男女間有白者，男頂拳髮，婦人椎髻，俱披單衣。男子嘗附舶至泉州經紀，〔一〕罄其資囊，以文其身。既歸其國，則國人以尊長之禮待之，延之上座，〔二〕雖父老亦不得與争焉。習俗以其至唐，故貴之也。民煮海爲鹽，釀蔗漿爲酒。有酋長。

地產黄蠟、木綿、花布。貿易之貨，用銅珠、〔三〕青白花碗、小花印布、鐵塊之屬。次曰答陪，曰海贍，曰巴弄吉，曰蒲里咾，曰東流里。無甚異産，故附此耳。

校勘記

〔一〕男子嘗附舶至泉州經紀　「舶」，文淵四庫本作「船」。

〔二〕延之上座　「座」，校釋本作「坐」，據彭本、文淵四庫本改。
〔三〕銅珠　藤田云：「星槎勝覽作『金银』。」

4 麻逸

山勢平寬，夾溪聚落。田膏腴。氣候稍暖。俗尚節義。男女椎髻，穿青布衫。〔一〕凡婦喪夫，〔二〕則削其髮，絶食七日，與夫同寢，多瀕於死。七日之外不死，則親戚勸以飲食，或可全生，則終身不改其節。甚至喪夫而焚尸，則赴火而死。酋豪之喪，則殺奴婢二三十人以殉葬。民煮海爲鹽，釀糖水爲酒。

地産木綿、黄蠟、玳瑁、檳榔、花布。貿易之貨，用銅鼎、〔三〕鐵塊、五采紅布、紅絹、牙錠之屬。蠻賈議價，領去博易土貨，然後準價舶商，守信事終如始，〔四〕不負約也。

校勘記

〔一〕穿青布衫　藤田云：「丁本：『俱披單衣。』星槎勝覽：『穿長衫，圍色布。』」
〔二〕凡婦喪夫　「喪」，文淵四庫本作「葬」。按藤田云：「『葬』，星槎勝覽作『喪』是也。」
〔三〕銅鼎　「銅」，校釋本無，文淵四庫本無，沈曾植加「銅」字，島夷誌略校注有「銅」字，藤田注：「知服齋本奪『銅』字，今據丁本補。」姚楠補出藤田據丁本補「銅」字的意見。按島夷誌略所載各地貿易之貨有「銅鼎」、「鐵鼎」或「銅鐵鼎」之處甚多，而陶、瓷亦可做鼎，島夷誌略所載各地貿易之貨多有陶瓷器，而未見陶瓷鼎之例。今增「銅」字。

〔四〕守信事終如始　「事」，文淵四庫本作「如」。

5　無枝拔

在闍麻羅華之東南，石山對峙。民墾闢山爲田，鮮食，多種薯。氣候常熱，獨春有微寒。俗直。男女編髮，纏頭，繫細紅布。極以婚姻爲重，往往指腹成親。通國守義，如有失信者，罰金二兩重，以納其主。民煮海爲鹽，釀椰漿、蕨粉爲酒。有酋長。

産花斗錫、鉛、綠毛狗。貿易之貨，用西洋布、青白處州磁器、瓦壜、鐵鼎之屬。

6　龍涎嶼

嶼方而平，延袤荒野，〔一〕上如雲塢之盤，絶無田産之利。每值天清氣和，風作浪湧，群龍游戲，出没海濱，時吐涎沫於其嶼之上，故以得名。涎之色或黑於烏香，或類於浮石，聞之微有腥氣。然用之合諸香，則味尤清遠，雖茄藍木、梅花腦、檀、麝、梔子花、沉速木、薔薇水衆香，必待此以發之。此地前代無人居之，間有他番之人，用完木鑿舟，駕使以拾之，轉鬻於他國。貨用金銀之屬博之。

校勘記

〔一〕延袤荒野　藤田云：「『野』殆『海』之譌。」校釋本校勘記姚楠已補。按龍涎嶼爲一小島，不得處於荒野，藤田意見可取，然「海」、「野」二字字形差異較大。

7 交趾

古交州之地，今爲安南大越國。山環而險，溪道互布。外有三十六莊，地廣人稠。氣候常熱。田多沃饒。俗尚禮義，有中國之風。男女面白而齒黑，戴冠，穿唐衣，皂褶，絲襪，方履。凡民間俊秀子弟，八歲入小學，十五入大學，其誦詩、讀書、談性理、爲文章，皆與中國同，惟言語差異耳。古今歲貢中國，已載諸史。民煮海爲鹽，釀秫爲酒。酋長以同□□爲妻。〔一〕

地產沙金、白銀、銅、錫、鉛、象牙、翠毛、肉桂、檳榔。貿易之貨，用諸色綾羅匹帛、青布、牙梳、紙扎、青銅、鐵之類。流通使用銅錢，民間以六十七錢折中統銀一兩，〔二〕官用止七十爲率。舶人不販其地。惟偷販之舟止於斷山上下，不得至其官場，恐中國人窺見其國之虛實也。

校勘記

〔一〕酋長以同□□爲妻　「□□」，校釋本作「姓女」，文淵四庫本作「□□」。校釋本校勘記云：「『姓女』二字原作『國人』，丁本同。彭本作『姓女』，龍本此二字缺，李文田注：『缺二字疑作姓女。』今依彭本改。」查彭本實亦缺二字，而李文田則據文意疑爲「姓女」二字，因此缺字並無充分理由補爲「姓女」二字。又島夷誌略校注作「酋長以國人爲妻」，藤田注云：「知服齋本缺『國人』二字，李文田云疑缺『姓女』二字，今依丁氏抄本。」則正文脱「同」字。文津閣四庫本及丁本作「國人」二字，酋長娶妻爲同國人，不是特別之事，此二本或亦據文意補作「國人」二字。同姓之女，較爲特別，但是也非確論，李文田也只是懷疑。所以此處的闕字，可以仍作闕文處理。

〔二〕民間以六十七錢折中統銀一兩　「二」，校釋本作「壹」，據文淵四庫本改。

8 占城

地據海衝，與新、舊州爲鄰。氣候乍熱。田中上等，宜種穀。俗喜侵掠。歲以上下元日縱諸人採生人膽，以鬻官家，官家以銀售之。以膽調酒，與家人同飲，云通身是膽，使人畏之，亦不生疵癘也。城之下水多洄旋，舶往復數日，止舟載婦人登舶，與舶人爲偶。及去，則垂涕而別。明年，舶人至，則偶合如故。或有遭難流落於其地者，則婦人推舊情以飲食、衣服供其身，歸則又重贐以送之，蓋有情義如此。仍禁服半似唐人。〔一〕日三四浴，以腦麝合油塗體。以白字寫黑皮爲文書。煮海爲鹽，釀小米爲酒。

地産紅柴、茄藍木、打布。貨用青磁花碗、金銀首飾、酒、色布、〔二〕燒珠之屬。

校勘記

〔一〕仍禁服半似唐人　「仍禁」，文淵四庫本同。校釋本校勘記云：「彭本、龍本同，丁本『仍禁』作『其衣』。」島夷誌略校注作「其衣」，藤田云：「『其衣』二字，知服齋本作『仍禁』，據丁氏抄本改。」「禁」，許全勝訂正爲「襟」（許全勝沈曾植史地著作輯考，第三一五頁），可通。

〔二〕酒色布　「色」，文淵四庫本同。島夷誌略校注作「花」，藤田云：「『花』，知服齋本作『巵』，今據丁本改。『酒』，疑『印』之譌。」

9　民多朗

臨海要津，溪通海，水不鹹。田沃饒，米穀廣。〔一〕氣候熱。俗尚儉。男女椎髻，穿短皂衫，下繫青布短裙。民鑿井而飲。煮海爲鹽，釀小米爲酒。有酋長。禁盜，盜則戮及一家。

地産烏梨木、麝檀、〔二〕木綿花、牛麂皮。貨用漆器、銅鼎、闍婆布、紅絹、青布、斗錫、酒之屬。

校勘記

〔一〕米穀廣　「廣」，文淵四庫本同。校釋本校勘記云：「丁本、彭本、龍本同。然藤田藏丁本過録本，『廣』作『廉』，疑『廣』爲『廉』之譌寫。」查島夷誌略校注作「廉」，藤田注云：「知服齋本作『廣』，今據丁本改。」可知校釋本校勘記中「疑『廣』爲『廉』之譌寫」一句爲蘇繼廎之意見。

〔二〕麝檀　「麝」，文淵四庫本作「射」。

10 賓童龍

賓童龍隸占城，土骨與占城相連，有雙溪以間之。佛書所稱王舍城是也，或云目連屋基猶存。田土、人物、風俗、氣候，與占城略同。人死則持孝服，設佛，擇僻地以葬之。國主騎象或馬，打紅傘，從者百餘人，執盾讚唱曰亞或僕。番語也。其尸頭蠻女子害人甚於占城，故民多廟事而血祭之。蠻亦父母胎生，與女子不異，特眼中無瞳人。遇夜則飛頭食人糞尖。頭飛去，若人以紙或布掩其頸，〔一〕則頭歸不接而死。凡人居其地，大便後必用水淨浣，否則蠻食其糞，即逐臭與人同睡。倘有所犯，則腸肚皆爲所食，精神盡爲所奪而死矣。

地産茄藍木、象牙。貨用銀、印花布。

次曰胡麻、沙曼、頭羅、沙犗、賓毗齊、新故、越州諸番，無所産，舶亦不至。

校勘記

〔一〕若人以紙或布掩其頸　「頸」，文淵四庫本作「項」。

11 真臘

州南之門，實爲都會，有城週圍七十餘里，石河周圍，〔一〕廣二十丈。戰象幾四十餘萬。殿宇凡三十餘所，極其壯麗，飾以金璧，鋪銀爲磚。置七寶椅，以待其主；貴人貴戚，所坐皆金杌。〔二〕歲一會，則以玉猿、金孔雀、六牙白象、三角銀蹄牛羅獻於前。列金獅子十隻於銅臺上，列十二銀塔，鎮以銅象。人凡飲食，必以金茶盤、籩豆、金碗貯物用之。外名百塔洲，作爲金浮屠百座，一座爲狗所觸，則造塔頂不成。次曰馬司録池，復建五浮屠，黄金爲尖。次曰桑香佛舍，造裹金石橋四十餘丈。諺云「富貴真臘」者也。〔三〕

氣候常暖。俗尚華侈。田産富饒。民煮海爲鹽，釀小米爲酒。男女椎髻。生女九歲，請僧作梵法，以指挑童身，取紅點女額及母額，名爲「利市」，云如此則他日嫁人宜其室家也。滿十歲即嫁。若其妻與客淫，其夫甚喜，誇於人：〔四〕「我妻巧慧，得人愛之也。」以錦圍身，眉額施朱。〔五〕酋豪出入，〔六〕用金車羽儀，體披瓔珞，右手持劍，左手持麈尾。法則劓、刖、刺配之刑，國人犯盜，則斷手足、烙胸背、黥額。殺唐人則死，唐人殺番人至死，亦重罰金，如無金，以賣身取贖。

地産黄蠟、犀角、孔雀、沉速香、蘇木、大楓子、翠羽，冠於各番。貨用金銀、〔七〕黄紅燒珠、龍段、建寧錦、絲布之屬。

校勘記

〔一〕石河周圍　校釋本無「周圍」二字，據文淵四庫本補。

〔二〕所坐皆金杌　「杌」，校釋本作「机」，據文淵四庫本改。

〔三〕諺云富貴真臘者也　藤田云：「『者』下殆奪『此』字。」

〔四〕誇於人　「誇」，島夷誌略校注作「詫」，藤田云：「『詫』字丁本作『誇』，非也。事林廣記云：『凡女滿十歲即嫁，若其妻與客合，夫即喜自詫云我妻有姿色且巧慧，故人暱云。』」校釋本作「誇」，其校勘記云：「丁本同。彭本、龍本『誇』作『詫』。」文淵四庫本作「誇」。

〔五〕眉額施朱　「朱」，島夷誌略校注作「珠」，藤田云：「『珠』乃『朱』之譌。明一統志引島夷志云：『以錦圍身，眉額施朱。』」校釋本作「朱」，其校勘記云：「『朱』原作『珠』，丁本、彭本、龍本同。寰宇通志引作『朱』，依改。」文淵四庫本作「珠」。

〔六〕酋豪出入　島夷誌略校注作「酋出入」，藤田云：「『酋』下一本有『豪』字。」校釋本校勘記云：「酋豪出入　丁本同，彭本、龍本無『豪』字。」文淵四庫本作「酋豪出入」。

〔七〕貨用金銀　島夷誌略校注作「貨用銀」，藤田云：「『銀』上殆奪『金』字，諸蕃志云『番商興販，用金銀、甆器、緞錦』云云。風土記云『其地想不出金銀，以唐人金銀爲第一，五色輕縑帛次之』云云。星槎勝覽依此書云：『貨用金銀、燒珠、錦段、絲布之屬。』」校釋本校勘記云：「貨用金銀　原作『貨用銀』，丁本、彭本、龍本同。諸蕃志：『番商販用金、銀、甆器、緞錦。』星槎勝覽：『貨用金、銀、燒珠、錦緞、絲、布之屬。』皆有『金』字，今依增。」文淵四庫本作「貨用銀」。

12 丹馬令

地與沙里、佛來安爲鄰國。山平亘。田多，食粟有餘，新收者復留以待陳。俗節儉。氣候温和。男女椎髻，衣白衣衫，繫青布縵。定婚用緞錦、〔一〕白錫若干塊。民煮海爲鹽，釀小米爲酒。有酋長。

産上等白錫、米腦、〔二〕龜筒、鶴頂、降真香及黄熟香頭。貿易之貨，用甘理布、〔三〕紅布、青白花碗、鼓之屬。

校勘記

〔一〕定婚用緞錦　「緞」，文淵四庫本作「假」。

〔二〕米腦　「米」原作「朱」，校釋本校勘記引及藤田以爲「米」係「片」之譌，未取，係據諸蕃志「渤泥」條校改，以爲

「米」、「朱」形近，而「片」、「朱」則否。「朱」，沈曾植改爲「生」，許全勝指出島夷誌略他處只有「片腦」而無「米腦」，又「生」、「朱」形近，以爲「生腦」亦有可能。（許全勝沈曾植史地著作輯考，第一一五至一一七頁）按文淵四庫本正作「米」，可知改作「米」爲是。

〔三〕用甘理布　藤田云：「『理』殆『埋』之譌，甘埋里此書有專條。」

13 日麗

介兩山之間，立一關之市。田雖平曠，春乾而夏雨，種植常違其時，故歲少稔，仰食於他國。氣候冬暖。風俗尚節義。男女椎髻，白縵纏頭，繫小黄布。男喪，妻不嫁。煮海爲鹽，釀□漿爲酒。〔一〕有酋長。

土産龜筒、鶴頂、降真、錫。貿易之貨，用青磁器、花布、粗碗、鐵塊、小印花布、五色布之屬。〔二〕

校勘記

〔一〕釀□漿爲酒　校釋本作「釀漿爲酒」，文淵四庫本同。校釋本校勘記云：「諸本皆同。藤田云：『漿』上殆奪『椰』字。」按藤田所云「漿」上本應有字固是，然是否爲「椰」字則存疑。查島夷誌略「琉球」條、「三島」條、「彭坑」條、「文誕」條、「舊港」條、「東西竺」條、「東淡邈」條、「加里那」條、「馬八兒嶼」條均載「釀椰漿爲酒」，「無枝拔」條載

「釀椰漿、蕨粉爲酒」；而「麻里嚕」條、「遐來勿」條、「東沖古剌」條、「蘇禄」條、「高郎步」條、「加將門里」條、「曾拔羅」條則均載「釀蔗漿爲酒」，「尖山」條載「釀蔗漿、水米爲酒」。今在「漿」前補一缺字的位置。

〔二〕小印花布五色布之屬　「布五色布」四字，島夷誌略校注同，藤田云：「知服齋本無『布五色布』四字，注云原脱七字，今依丁本補。」校釋本同，其校勘記云：「小印花布五色布　丁本同，彭本『花』下四字空白，龍本『花』下注『原脱七字』，就此本與丁、彭二本而觀，龍本所注，『七』殆『四』之譌。」文淵四庫本「花」字下亦闕四字。按島夷誌略「東淡邈」條、「舊港」條、「遐來勿」條、「曼陀郎」條、「金塔」條貿易之貨均有「五色布」，然不並載其他布，此處之「五色布」頗爲可疑，也許只是文津四庫本隨意所補而已。

14 麻里嚕〔一〕

小港迢遞，入於其地。山隆而水多鹵股石，林少。田高而瘠，民多種薯芋。地氣熱。俗尚義。若番官没，其婦再不嫁於凡夫，必有他國番官之子孫閥閲相稱者，方可擇配；否則削髮看經，以終其身。男女拳髮，穿青布短衫，繫紅布縵。民煮海爲鹽，釀蔗漿爲酒，編竹片爲床，燃生蠟爲燈。

地産玳瑁、黄蠟、降香、竹布、木綿花。貿易之貨，用牙錠、〔二〕青布、磁器盤、〔三〕處州磁、水壜、大甕、鐵鼎之屬。

校勘記

〔一〕麻里嚕　「嚕」，校釋本作「魯」，文淵四庫本作「嚕」，校釋本校勘記云：「丁本、彭本、龍本『魯』皆作『嚕』。」今據文淵四庫本等改。

〔二〕用牙靛　「靛」，校釋本作「錠」，據文淵四庫本改。

〔三〕磁器盤　島夷誌略校注作「磁器盤」，藤田云：「『磁』上丁本有『青』字。」校釋本作「磁器盤」，其校勘記云：「磁器盤　原作『青磁器盤』，丁本同，彭本、龍本無青字，今依删。」文淵四庫本作「青磁器盤」。按此處緊接爲「處州磁」，處州瓷多青瓷，故此處不取「青」字。

15　遐來勿〔一〕

古淯之下，山盤數百里。厥田中下。俗尚妖怪。氣候春夏秋熱，冬微冷，則人無病；反此，則瘴生，人畜死。男女挽髻，纏紅布，繫青綿布捎。〔二〕凡人死，則研生腦調水灌之，以養其屍，欲葬而不腐。民煮海爲鹽，釀椰漿爲酒。有酋長。

地產蘇木、玳瑁、木綿花、檳榔。貿易之貨，用占城海南布、鐵線、銅鼎、紅絹、五色布、木梳、篦子、青器、粗碗之屬。

校勘記

〔一〕遐來勿　「勿」，文淵四庫本同。校釋本校勘記云：「丁本、彭本、龍本『勿』皆作『物』。」藤田云：「『物』，丁本作『勿』。」查丁本原文，則作「勿」。

〔二〕繫青綿布捎　「捎」，文淵四庫本作「梢」。「布捎」一詞，島夷誌略多見，校釋本多作「捎」，文淵四庫本多作「梢」。

16　彭坑

石崖週匝崎嶇，遠如平寨。田沃，穀稍登。〔一〕氣候半熱。風俗與丁家盧小異。男女椎髻，穿長布衫，繫單布捎。〔二〕富貴女頂帶金圈數四，常人以五色焇珠爲圈以束之。〔三〕凡講婚姻，互造換白銀五錢重爲准。民煮海爲鹽，釀椰漿爲酒。有酋長。

地產黃熟香頭、沉速、打白香、腦子、花錫、粗降真。貿易之貨，用諸色絹、闍婆布、銅鐵器、漆磁器、鼓板之屬。

校勘記

〔一〕穀稍登　「穀」，校釋本作「谷」，據彭本、文淵四庫本改。

〔二〕繫單布捎　「捎」，文淵四庫本作「稍」。

〔三〕常人以五色焇珠爲圈以束之　「焇珠」，校釋本及文淵四庫本多作「燒珠」。

17 吉蘭丹

地勢博大。山瘠而田少，夏熟而倍收。〔一〕氣候平熱。風俗尚禮。男女束髮，穿短衫，〔二〕繫皂布縵。〔三〕每遇四時節序、生辰、婚嫁之類，衣紅布長衫爲慶。民煮海爲鹽，織木綿爲業。有酋長。

地産上等沉速、粗降真香、黄蠟、龜筒、鶴頂、檳榔。外有小港，索遷極深，〔四〕水鹹，魚美。出花錫。貨用塘頭市布、占城布、青盤、花碗、紅緑焇珠、琴、阮、鼓板之屬。

校勘記

〔一〕夏熟而倍收　「熟」，校釋本作「熱」，文淵四庫本作「熟」。按下文有云「氣候平熱」，已用「熱」字，今改作「熟」。

〔二〕穿短衫　「穿」，校釋本作「繫」，據文淵四庫本改。島夷誌略行文，「衫」多用「穿」，「繫」則用於「布」，係針對不同服裝之用詞，此處作「穿」是也。

〔三〕繫皂布縵　校釋本作「布皂縵」，據文淵四庫本增「繫」字。

〔四〕索遷極深　「遷」，文淵四庫本同。校釋本校勘記引沈曾植説「遷」應作「牽」（沈説原作「遷」疑「牽」），但未據改。

18 丁家盧

三角嶼對境港口，〔一〕通其津要。山高曠。田中下，民食足。春多雨，氣候微熱。風俗尚怪。男女椎髻，穿綠纈布短衫，〔二〕繫遮里絹。〔三〕刻木爲神，殺人血和酒祭之。每水旱疫癘，禱之立應；〔四〕及婚姻病喪，則卜其吉凶，亦驗。今酋長不事貪婪，〔五〕勤儉守土。地産降真、腦子、黄蠟、玳瑁。貨用青白花磁器、占城布、小紅絹、斗錫、酒之屬。

校勘記

〔一〕三角嶼對境港口　「口」，校釋本作「已」，屬下，據文淵四庫本改。

〔二〕穿綠纈布短衫　「纈」，校釋本作「頡」，據文淵四庫本改。

〔三〕繫遮里絹　藤田云：「『遮』疑『越』之譌。諸蕃志占城屬國有越裏，元史作越里。」校釋本注釋引及藤田之説，並以爲越裏、越里似爲 Parik 之對音，在今越南南部，似與遮里絹一名無關，其地亦未聞産織物。又疑遮里絹指印度馬拉巴爾海岸 Chalia 市所産之絲與羊毛織成之布，阿拉伯地理學家作 shaliyat 或 shāliāt。按絹自當指絲織物爲宜，島夷誌略記多地貿易之貨用紅絹、色絹、五色絹、諸色絹等，將遮里絹解釋成絲毛混紡物，似乎不可取。諸蕃志記占城産絲綾布（此據學津討原本，中華書局諸蕃志校釋以函海本爲底本，則作「絲絞布」），似是絲織物，則其屬國越里産絹，亦非不可能。又島夷誌略「東沖古剌」條載男女「繫越里布」，又「遮」與「越」字形比較接近，則藤田疑「遮」爲「越」之譌，或許可取。

〔四〕禱之立應　文淵四庫本作「禱之則立應」。

〔五〕今酋長不事貪婪　島夷誌略校注作「今酋長主事貪禁」，藤田云：「『主』疑『不』之譌，『禁』殆『婪』之譌。」校釋本作「今酋長主事貪禁」，校勘記云：「今酋長主事貪禁　『令』字原脱，丁本、龍本皆有，今依補。彭本『令』誤『令』。藤田以爲『主』殆『不』之譌，『禁』殆『婪』之譌。」文淵四庫本作「今部長主事貪婪」。按下句云「勤儉守土」，稱之「主事貪婪」，顯然也不通。今據文淵四庫本作「婪」，並取藤田之説改「主」爲「不」。

19 戎

山繞溪環，部落坦夷，田畲成片，〔一〕土脈膏腴。〔二〕氣候不正，春夏苦雨。俗陋。男女方頭，兒生之後，以木板四方夾之，二周後去其板。四季祝髮，以布縵繞身。以椰水浸秫米，半月方成酒，味極苦辣而味長。〔三〕二月海榴結實，復釀榴實酒，味甘酸，宜解渴。地産白荳蔻、象牙、翠毛、黄蠟、木綿紗。貿易之貨，用銅漆器、青白花碗、磁壺瓶、花銀、紫燒珠、〔四〕巫崙布之屬。

校勘記

〔一〕田畲成片　校釋本作「田畲連成片」，據文淵四庫本改。均四字句。

〔二〕土脈膏腴　校釋本作「土膏腴」，據文淵四庫本改。

〔三〕味極苦辣而味長　藤田云：「『極』上疑衍『味』字。」

〔四〕紫燒珠　「燒」，文淵四庫本作「焇」。

20 羅衛

南真駱之南，〔一〕實加羅山即故名也。山瘠田美，等爲中上。春末則禾登，民有餘蓄，以移他國。氣候不時。風俗勤儉。男女文身爲禮，以紫縵纏頭，繫溜布。以竹筒實生蠟爲燭。織木綿爲業。煮海爲鹽，以葛根浸水釀酒，味甘軟，竟日飲之不醉。有酋長。

地産粗降真、玳瑁、黄蠟、綿花，〔二〕雖有珍樹，無能割。〔三〕貿易之貨，用棊子手巾、狗跡絹、五色燒珠、花銀、青白碗、鐵條之屬。

校勘記

〔一〕南真駱之南　校釋本注釋云沈曾植徑書「臘」字，藤田、柔克義皆以「駱」爲「臘」之譌，並以爲此句首一「南」字不必視爲示方位之字，而下一「南」字則爲示方位之字。按藤田云：「『駱』殆『臘』之譌也。」柔克義云：「There can be no doubt that 真駱 is a very unusual form for 真臘, whether it is a copyist's error or intentional I cannot say,

I have never met with this form elsewhere.」(「真駱」無疑是「真臘」的一個很不常用的形式,雖然是傳鈔的錯誤還是有意這麼寫我不能確定,我也從未在其他地方遇到這種寫法。)(W. W. Rockhill,「Notes on the Relations and Trade of China with the Eastern Archipelago and the Coast of the Indian Ocean during the Fourteenth Century」, Part II, Introductory Note and I, *T'oung Pao*, Second Series, Vol. 16, No. 1, 1915, p. 109.)則柔克義基本上將「真駱」視作「真臘」的一種異寫形式,而未徑直將「駱」當作「臘」字之譌。

〔二〕綿花　「綿」,文淵四庫本作「棉」。

〔三〕無能割　沈曾植於句末加一「者」字。

21 羅斛

山形如城郭,白石峭厲。其田平衍而多稼,暹人仰之。氣候常暖如春。風俗勁悍。男女椎髻,白布纏頭,穿長布衫。每有議刑法、錢穀出入之事,〔一〕並決之於婦人,其志量常過於男子。煮海爲鹽,釀秫米爲酒。有酋長。法以𧴩子代錢,流通行使,每一萬準中統鈔二十四兩,甚便民。

此地產羅斛香,味極清遠,亞於沉香,次蘇木、犀角、象牙、翠羽、黄蠟。貨用青器、花印布、金、錫、海南檳榔口、〔二〕𧴩子。

次曰彌勒佛,曰忽南圭,曰善司坂,曰蘇剌司坪,曰吉頓力。地無所産,用附於此。

校勘記

〔一〕每有議刑法錢穀出入之事　藤田云：「『刑法』下當有『輕重』二字。一統志引島夷志云：『每有計議刑法輕重、錢穀出入之事，並決之婦人，其志量在男子上。』」校釋本校勘記云：「丁本、彭本、龍本同。寰宇通志引島夷志，『議』上有『謀』字，『刑法』下有『輕重』二字。」按文淵四庫本亦同於諸本。而寰宇通志、大明一統志引島夷志又有「謀」、「計」之不同。

〔二〕海南檳榔口　「口」，校釋本作「□」，校勘記云：「海南檳榔□　丁本、彭本、龍本同。藤田云『□』殆衍，應依之。『海南』下，管見以爲奪『布』字。」按藤田云：「『口』字殆衍。」文淵四庫本、文津四庫本、彭本、丁本、龍本均作「口」，今據改。從文意通順之角度考慮，藤田以爲「口」、蘇繼廎以爲「海南」下奪「布」字，均有可能。然而島夷誌略多見檳榔，除去此條爲貨用，幾乎均在物産之列，達十四國（地）之多，則此處僅記貨用有檳榔，似乎不合情理。又海南盛産檳榔，見載嶺外代答卷七香門「檳榔」條、諸蕃志卷下志物「檳榔」條、正德瓊臺志卷十一土貢等；且品類多樣，嶺外代答、諸蕃志所載有軟檳榔、米檳榔、鹽檳榔、雞心檳榔、大腹子，正德瓊臺志所載有銀檳榔、拔踉子、檳榔、大腹子、大腹皮，則此處「海南檳榔口」或可理解成某種海南産檳榔製品，故得以作爲商品賣入羅斛。又「口」，疑當作「肉」，字形較爲接近。宋會要輯稿職官四四市舶司所載紹興三年十二月十七日户部公文羅列蕃商販來的貨物要起發到行在的名單，其中有「檳榔肉」。（影前北平圖書館影印本，中華書局，一九五七年，第三册，第三三七三頁）廣東新語卷二五木語「檳榔」條云：「實未熟者曰檳榔青，青，皮殼也，以檳榔肉兼食之，味厚而芳，瓊人最嗜之；熟者曰檳榔肉，亦曰玉子，則廉、欽、新會及西粵、交趾人嗜之；熟而乾焦連殼者曰棗子檳榔，則高、雷、陽江、陽春人嗜之；以鹽漬者曰檳榔鹹，則廣州、肇慶人嗜之；日暴既乾、心小如香附者曰乾檳榔，則惠、潮、東莞、順德人嗜之。」卷二十禽語「青雖」條云：「瓊人謂檳榔之未熟者曰檳榔青，熟者曰肉子檳榔，肉亦作玉。」（續修四庫全書第七三四册影清康熙間天水閣刻本，第七八一、七五二頁）

22 東沖古剌

巖薜豐林，下臨淡港，外堞爲之限界。〔一〕田美穀秀。氣候驟熱，雨下則微冷。風俗輕剽。男女斷髮，紅手帕纏頭，穿黄綿布短衫，繫越里布。凡有人喪亡者，不焚化，聚其骨撇於海中，〔二〕謂之種植法，使子孫復有生意。持孝之人，齋戒數月而後已。民不善煮海爲鹽，釀蔗漿爲酒。有酋長。

地產沙金、黄蠟、粗降真香、龜筒、沉香。貿易之貨，用花銀、鹽、青白花碗、大小水埕、青緞、銅鼎之屬。

校勘記

〔一〕外堞爲之限界　「界」，文淵四庫本作「介」。

〔二〕聚其骨撇於海中　藤田云：「『撇』殆『筏』之譌。黄東海語暹羅條：『凡死喪，富夷火尸而葬，貧者舉尸筏而浮諸海。』」校釋本校勘記引藤田之説，但未作判斷。按「撇」有扔出之意，此處先聚骨，再撇於海中，與海語置尸於筏上而浮於海不同。又以骨撒於海，則骨沉於海底，正吻合「種植」之意。

23 蘇洛鬲

洛山如關，并溪如帶，宜有聚落。〔一〕田瘠穀少。氣候少暖。風俗勇悍。男女椎髻，穿青布短衫，繫木綿白縵。凡生育後惡露不下，汲井水澆頭即下。有害熱症者，亦皆用水沃數四則愈。民煮海爲鹽。有酋長。

地產上等降真、片腦、鶴頂、沉速、玳瑁。貿易之貨，用青白花器、海南巫崙布、〔二〕銀、鐵、水埕、小罐、銅鼎之屬。

校勘記

〔一〕宜有聚落　「宜」，文淵四庫本作「具」。

〔二〕海南巫崙布　校釋本校勘記云：「諸本皆無『南』字，藤田疑『海』字衍。案：『海』字非衍，殆其下奪『南』字也。本書蒲奔條有海南布、都督岸條有海南占城布，遐來勿條有占城海南布。此條『海』字下當奪『南』字，即『海南布、巫崙布』是也。海南布即海南島所織棉布。」文淵四庫本無「南」字，同於諸本。

24 針路

自馬軍山水路,由麻來墳至此地,則山多鹵股。田下等,少耕植。民種薯及胡蘆、西瓜,兼採海螺、螃蛤、蝦食之。内坪下小溪,有魚、蟹極美,民間臨溪每一舉網,輒食數日而有餘。氣候差熱。俗惡。男女以紅綿布纏頭,皂縵繫身。民煮海爲鹽,織竹絲布爲業。有酋長。

地産芎蕉、貝八子,通暹准錢使用。貿易之貨,用銅條、鐵鼎、銅珠、五色焇珠、大小埕、花布、鼓、青布之屬。

25 八都馬

闤市廣陽。〔一〕山茂田少,民力齊,常足食。氣候暖。俗尚朴。男女椎髻,纏青布縵,繫甘理布。〔二〕酋長守土安,民樂其生。親没,必沐浴齋戒,號泣半月而葬之,日奉桑香佛惟謹。〔三〕有犯奸盜者,梟之以示戒;有遵鑾法者,賞之以示勸。俗稍稍近理。

地産象牙,重者百餘斤,輕者七八十斤。胡椒,亞於闍婆。貿易之貨,用南北絲、花銀、赤金、銅鐵鼎、絲布、草金緞、丹山錦、〔四〕山紅絹、〔五〕白礬之屬。

校勘記

〔一〕鬧市廣陽　「鬧」，或當作「關」，島夷誌略「日麗」條有「關市」。「陽」，文淵四庫本同，島夷志略廣證作「場」，藤田云：「『陽』，沈本作『場』。」

〔二〕緊甘理布　藤田云：「『理』乃『埋』之譌，此書有甘埋里專條。」

〔三〕日奉桑香佛惟謹　「惟」，文淵四庫本作「唯」。

〔四〕丹山錦　校釋本注釋云：「此名疑爲山丹錦之誤，謂紅百合花（lilium concolor），即海東所謂姫百合是也。故山丹錦殆謂織有紅百合花之錦。」

〔五〕山紅絹　藤田云：「『錦』下『山』字殆衍。」校釋本未出校勘記，其注釋云：「山紅絹　此名得視爲織有映山紅（rhododendron indicum）之絹，而山紅似爲其省稱。映山紅有山躑躅、山石榴等名。」將映山紅織入絹中，很快就會敗壞，不可理解。至於映山紅省稱爲山紅，不知所據。校釋本這一意見似乎並不可取。按「山」或當作「小」。島夷誌略「丁家盧」條記貨用有「小紅絹」，此處或爲涉上「丹山錦」而誤「小」爲「山」。

26 淡邈

小港去海口數里，山如鐵筆，迤邐如長蛇，民傍緣而居。田地平，宜穀粟，食有餘。氣候暖。風俗儉。男女椎髻，穿白布短衫，繫竹布捎。〔一〕民多識山中草藥，有疵癘之疾，服之其效如神。煮海爲鹽，事網罟爲業。

地産胡椒，亞於八都馬。貨用黄硝珠、〔二〕麒麟粒、西洋絲布、粗碗、青器、銅鼎之屬。

校勘記

〔一〕繫竹布捎　「捎」，文淵四庫本作「梢」。

〔二〕貨用黄硝珠　「硝」，文淵四庫本同。此物即燒珠，文淵四庫本及校釋本多作「焇」，校釋本亦間或作「燒」，均少見用「硝」。藤田云：「『硝珠』之『硝』，殆『焇』之譌，即燒珠也。」校釋本注釋引藤田之説，並云：「燒珠本以石英與硝子燒成，『焇』乃『硝』之俗寫。」

27　尖山

自有宇宙，兹山盤據於小東洋，卓然如文筆插霄漢，雖懸隔數百里，望之儼然。田地少，多種薯，炊以代飯。氣候煩熱。風俗纖嗇。男女斷髮，以紅絹纏頭，以佛南圭布纏身。煮海爲鹽，釀蔗漿、水米爲酒。〔一〕

地産木綿花、〔二〕竹布、黄蠟、粗降真，沙地所生，故不結實。貿易之貨，用牙錠、銅鐵鼎、青碗、大小埕甕、青皮單、〔三〕錦、鼓樂之屬。

校勘記

〔一〕釀蔗漿水米爲酒　「水」，文淵四庫本同。校釋本校勘記云：「丁本、彭本、龍本同。藤田云：『水』殆『卜』之譌。」作「卜」令人生疑，查島夷誌略校注原文，藤田云：「『水米』之『水』，殆『小』之譌。」按「小米」似可作一説，而「水米」亦未必有誤。

〔二〕地產木綿花　「木」，校釋本作「水」，當是譌字，據文淵四庫本改。

〔三〕青皮單　藤田云：「『皮單』，殆『單被』之譌。」校釋本校勘記引，稱「藤田云：『皮單』殆『單皮』之倒置」。按島夷誌略「八節那間」條載「地產單茇」，「明家羅」條載「男女衣青單被」，「龍牙菩提」條載男女「披木綿花單被」，「巴南巴西」條載男女「身披絲絨單被」，似「單被」即「單茇」，即「單皮」，藤田之説可取。

28 八節那間

其邑臨海，嶺方木瘦。田地瘠，宜種粟麥。俗尚邪，與湖北道澧州風俗同。〔一〕男女椎髻，披白布縵，繫以土布。一歲之間，三月内民户採生以祭鬼酬愿，信不生災害。民煮海爲鹽。有酋長。

地產單茇、花印布，不退色，木綿花、檳榔。貿易之貨，用青器、紫鑛、土粉、青絲布、埕甕、鐵器之屬。

校勘記

〔一〕與湖北道澧州風俗同　「澧」，校釋本作「灃」，誤，據文淵四庫本改。按文津四庫本、彭本亦作「澧」。查元史卷六三地理志六，江南湖北道肅政廉訪司領澧州路。（中華書局校點本，第一五二五頁）

29 三佛齊

自龍牙門去五晝夜至其國。人多姓蒲。習水陸戰，官兵服藥，刀兵不能傷，以此雄諸國。其地人煙稠密，田土沃美。氣候暖，春夏常雨。俗淳。男女椎髻，穿青綿布短衫，繫東沖布。喜潔淨，故於水上架屋。採蚌蛤爲鮓，煮海爲鹽，釀秫爲酒。有酋長。

地產梅花片腦、中等降真香、檳榔、木綿布、細花木。〔一〕貿易之貨，用色絹、紅焇珠、〔二〕絲布、花布、銅鐵鍋之屬。

舊傳其國地忽穴，出牛數萬，人取食之。後用竹木塞之，乃絶。

校勘記

〔一〕細花木　藤田云：「此書重迦羅產物中有細花木棉單，『木』下殆奪『棉單』二字。」按細花木不見記載，藤田之説可取。又「木」作「布」亦可通。西洋番國志卷一「占城國」條云「身衣五色長衣，以細花布爲之」，「滿剌加國」條云

「身衣細花布如袍長」。（向達校注，中華書局，二〇〇〇年，第二、十五頁）不過此地貿易之貨有「花布」，則物産「細花布」之可能性又似不大。

〔二〕紅焇珠　「焇」，文淵四庫本作「硝」。島夷誌略校注作「硝」，藤田云：「『硝』乃『焇』之譌，燒也。」

30　嘯噴

谿監毗、吉陀以東，其山陂延袤數千里。結茅而居。田沃，宜種粟。氣候常暖。俗陋。男女椎髻，以藤皮煮軟織粗布爲短衫，〔一〕以生布爲捎。〔二〕地産惟蘇木盈山，〔三〕他物不見。每歲與打網國相通，貿易通舶人。貨用五色硝珠、磁器、銅鐵鍋、牙錠、瓦甕、粗碗之屬。

校勘記

〔一〕以藤皮煮軟織粗布爲短衫　「藤」，文淵四庫本作「籐」。

〔二〕以生布爲捎　「生」，包括文淵四庫本在内各本均同。藤田云：「『生』殆『青』之譌。」校釋本校勘記已引。按島夷誌略中「生布」僅見於此，而「青布」則多見，且「生」與「青」字上部形近，藤田之説值得重視。「捎」，文淵四庫本作「梢」。

〔三〕地産惟蘇木盈山　「惟」，文淵四庫本作「唯」。

31 勃泥〔一〕

龍山磐礴於其右。基宇雄敞，原田獲利。〔二〕夏月稍冷，冬乃極熱。俗尚侈。男女椎髻，以五采帛繫腰，〔三〕花錦爲衫。崇奉佛像唯嚴。尤敬愛唐人，若醉則扶之以歸歇處。〔四〕民煮海爲鹽，釀秫爲酒。有酋長。仍選其國能算者一人掌文簿，計其出納、收税，無纖毫之差焉。

地産降真、黄蠟、玳瑁、梅花片腦，其樹如杉檜，劈裂而取之，必齋浴而後往。貨用白銀、赤金、色緞、牙箱、鐵器之屬。

校勘記

〔一〕勃泥　「勃」，校釋本作「浡」，文淵四庫本作「勃」，按島夷誌略「萬里石塘」條稱「一脈至勃泥及古里地悶」，今據文淵四庫本改。

〔二〕基宇雄敞原田獲利　「原」，校釋本作「源」，據文淵四庫本改。按藤田云：「『源』殆『原』之譌。明一統志浡泥條引諸蕃志云：『基宇宏敞，原田獲利。』諸蕃志實無此文，蓋引島夷志也。以下倣之。」校釋本校勘記云：「基宇雄敞，源田獲利　丁本、彭本、龍本同。星槎勝覽作『地宇横廣，源田種植豐登甚利』。寰宇通志引島夷志作『基宇宏敞原田獲利』，明一統志同。藤田云：『源』殆『原』之譌。」又按「雄敞」、「宏敞」均成辭。

〔三〕以五采帛繫腰　文淵四庫本無「帛」字。按島夷誌略校注無「帛」字，藤田云：「『采』下殆奪『帛』字。明一統志云：『俗尚奢侈，男女椎髻，以五采帛繫腰，花錦圍衫。』」校釋本校勘記云：「『帛』字原奪，丁本、彭本、龍本同。星槎勝覽作『五彩帛繫腰』，寰宇通志引島夷志作『五采帛繫腰』，今依補。」

〔四〕若醉則扶之以歸歇處　校釋本無「若」字，「醉」後有「也」字，據文淵四庫本增刪。

32 明家羅

故臨國之西，山有三島。〔一〕中島桑香佛所居，珍寶盈前，人莫能取。一島虎豹蛇虺縱横，人莫敢入。一島土中紅石，掘而取之，其色紅活，名鴉鶻也。舶人興販，往往金銀與之貿易。土瘠，宜種粟。氣候大熱。俗朴。男女衣青單被。民煮海爲鹽。有酋長。地産紅石之外，〔二〕别物不見。

校勘記

〔一〕山有三島　「有」，校釋本作「而」，據文淵四庫本改。

〔二〕地産紅石之外　「地」，校釋本作「惟」，據文淵四庫本改。

33 暹

自新門臺入港，外山崎嶇，内嶺深邃。土瘠，不宜耕種，穀米歲仰羅斛。氣候不正。俗尚侵掠，〔一〕每他國亂，輒駕百十艘以沙糊滿載，〔二〕舍生而往，務在必取。近年以七十餘艘來侵單馬錫，攻打城池，一月不下。本處閉關而守，不敢與争。遇爪哇使臣經過，暹人聞之乃遁，〔三〕遂掠昔里而歸。至正己丑夏五月，降於羅斛。凡人死，則灌水銀以養其身。男女、衣著，與羅斛同。仍以𧴩子權錢使用。

地産蘇木、花錫、大風子、象牙、翠羽。貿易之貨，用硝珠、水銀、青布、銅鐵之屬。

校勘記

〔一〕俗尚侵掠　藤田云：「『尚』上殆奪『俗』字。明一統志引島夷志云：『氣候不正，俗尚侵略。』」校釋本校勘記云：「俗尚侵掠　『俗』字原奪，丁本、彭本、龍本亦然。寰宇通志引島夷志有『俗』字，今依補。」文淵四庫本亦無「俗」字。按島夷誌略「毗舍耶」條稱「俗尚虜掠」，「龍牙門」條稱「俗好劫掠」，「喃哑哩」條稱「俗尚劫掠」，則有關劫掠之類用「俗」字爲此書之習慣，加之大明一統志所引有「俗」字，補一「俗」字爲是。而不加「俗」字此句亦可通。且島夷誌略亦有不加「俗」字之例，如「重加羅」條稱「專尚寇掠」，較用「俗」字之例爲少。

〔二〕每他國亂輒駕百十艘以沙糊滿載　「亂」，文淵四庫本作「轉」。「輒」，文淵四庫本作「輸」。「糊」，校釋本底本文津四庫本作「湖」，校勘記云：「沙糊　『糊』原作『湖』，丁本、彭本、龍本同。本書文老古條作『糊』，諸蕃志渤泥條亦作『糊』，今依改。」藤田云：「『沙湖』，此書他條作『沙糊』，『湖』乃『糊』之譌也。諸蕃志蘇吉丹條云：『國多老樹，内産沙糊，狀如麥麪，土人以水爲圓，大如緑豆，曬乾入包，儲蓄爲糧。或以魚及肉雜以爲羹。』瀛涯勝覽作『沙孤』，滿剌加條云：『山野有一等樹名沙孤樹，鄉人曬此物之皮如中國葛根，擣淨，澄濾其粉作丸如菉豆大，曬干而賣作飲喫。』又或作西國采並海南諸國通用之。Saga 即 Sago 之對音也。」改「湖」爲「糊」，固是，而文淵四庫本正作「糊」。

〔三〕 暹人聞之乃遁　「之」，文淵四庫本作「知」。

34 爪哇

爪哇即古闍婆國。門遮把逸山，係官場所居，宫室壯麗。地廣人稠，實甲東洋諸番。舊傳國王係雷震石中而出，令女子爲酋以長之。其田膏沃，地平衍，穀米富饒，倍於他國。民不爲盜，道不拾遺，諺云「太平闍婆」者此也。俗朴。男子椎髻，裹打布，惟酋長留髮。大德年間，亦黑迷失、〔一〕平章史弼、高興曾往其地，令臣屬，納貢税，〔二〕立衙門，振綱紀，設鋪兵以遞文書。守常刑，重鹽法。使銅錢，俗以銀、錫、鍮、銅雜鑄如螺甲大，名爲銀錢，以權銅錢使用。

地産青鹽，係曬成。胡椒，每歲萬斤。極細堅耐色印布、綿羊、〔三〕鸚鵡之類。藥物皆自他國來也。貨用硝珠、金銀、青緞、色絹、青白花碗、鐵器之屬。

次曰巫崙，曰希苓，曰三打板，曰吉丹，曰孫剌等。地無異産，故附此耳。

校勘記

〔一〕亦黑迷失　文淵四庫本作「伊克默色」，係清人改字。

〔二〕納貢稅　「貢稅」，文淵四庫本作「稅貢」。

〔三〕綿羊　文淵四庫本作「及」。

35 重迦羅

杜瓶之東曰重迦羅，與爪哇界相接。間有高山奇秀，不産他木，滿山皆鹽敷樹及楠樹。内一石洞，前後三門，可容一二萬人。田土亞於闍婆。氣候熱。俗淳。男女撮髻，衣長衫。

地産綿羊、鸚鵡、細花木綿單、〔一〕椰子、木綿花紗。貿易之貨，用花銀、花宣絹、諸色布。

煮海爲鹽，釀秫爲酒。〔二〕無酋長，年尊者統攝。〔三〕

次曰諸番，相去約數日水程：曰孫陀，曰琵琶，曰丹重，曰員嶠，〔四〕曰彭里。不事耕種，專尚寇掠。與吉陀、亞崎諸國相通交易，舶人所不及也。

校勘記

〔一〕細花木綿單　島夷誌略「明家羅」條載「男女衣青單被」，「龍牙菩提」條載男女「披木綿花單被」，「巴南巴西」條載男女「身披絲絨單被」，此處「單」字後似脱一「被」字。

〔二〕釀秫爲酒　「秫」，校釋本作「酥」，據文淵四庫本改。

〔三〕絶大多數條目此類記載在地産和貿易之貨的記載之前。

〔四〕曰員嶠　「員」，文淵四庫本同。島夷誌略校注作「員」，藤田云：「『員』，知服齋本作『負』，今據丁本改。」校釋本校勘記云：「員嶠　丁本同，彭本、龍本『員』作『負』。」按此爲域外地名，作「員」作「負」，似難判斷，然列子湯問海外五仙山之一爲「員嶠」（楊伯峻列子集釋卷五湯問篇，中華書局，一九九一年，第一五一頁），則似當作「員」。

36 都督岸〔一〕

自海腰平原，津通淡港。土薄田肥，宜種穀，廣栽薯芋。氣候夏涼多淫雨，春與秋冬皆熱。俗尚節序。男女椎髻，穿絲布短衫，〔二〕繫白布捎。〔三〕民間每以正月三日，長幼焚香拜天，以酒牲祭山神之後，長幼皆羅拜於庭，名爲慶節序。不喜煮鹽，〔四〕釀蜜爲酒。〔五〕有酋長。

地産片腦、粗速香、玳瑁、龜筒。貿易之貨，用海南占城布、紅緑絹、鹽、鐵銅鼎、色緞之屬。

校勘記

〔一〕都督岸　「岸」，文淵四庫本作「崖」。

〔二〕穿絲布短衫　「絲」，校釋本作「緑」，據文淵四庫本改。「絲布」屢見於島夷誌略，而「緑布」則不見。

〔三〕繫白布捎　「捎」，文淵四庫本作「梢」。

〔四〕不喜煮鹽　藤田云：「『喜』殆『善』之譌。」校釋本校勘記已引。按島夷誌略「東沖古剌」條、「須文那」條、「阿思里」條、「天竺」條均記不善煮鹽，藤田之意見值得重視。然作「不喜」亦可通。

〔五〕釀蜜爲酒　「蜜」，校釋本作「蜜水」，據文淵四庫本改。

37 文誕

渤山高環，溪水若淡。田地瘠。民半食沙糊、椰子。氣候苦熱。俗淫。男女椎髻，露體，繫青皮布捎。〔一〕日間畏熱，不事布種，月夕耕鋤、漁獵、採薪、取水。山無蛇虎之患，家無盜賊之虞。煮海爲鹽，釀椰漿爲酒，婦織木綿爲業。有酋長。

地産肉荳蔻、黑小厮、荳蔻花、小丁皮。貨用水綾絲布、花印布、烏瓶、鼓瑟、青磁器之屬。

校勘記

〔一〕繫青皮布捎　藤田云："『皮』殆『被』之譌。"「捎」，文淵四庫本作「梢」。

38 蘇禄

其地以石崎山爲保障。〔一〕山畬田瘠，〔二〕宜種粟麥。民食沙糊、魚蝦、螺蛤。氣候半熱。俗鄙薄。男女斷髮，纏皂縵，繫小印花布。煮海爲鹽，釀蔗漿爲酒，織竹布爲業。有酋長。

地産中等降真條、黄蠟、玳瑁、珍珠。較之沙里八丹、第三港等處所産，此蘇禄之珠，色青白而圓，其價甚昂。中國人首飾用之，其色不退，號爲絶品。有徑寸者，其出産之地，大者已值七八百餘錠，〔三〕中者二三百錠，小者一二十錠。其餘小珠一萬上兩重者，或一千至三四百上兩重者，出於西洋之第三港，此地無之。貿易之貨，用赤金、花銀、八都剌布、〔四〕青珠、處器、鐵條之屬。

校勘記

〔一〕其地以石崎山爲保障　「保」，文淵四庫本作「堡」。

〔二〕山畬田瘠　「畬」，校釋本作「涂」，據文淵四庫本改。

〔三〕大者已值七八百餘錠　「值」，文淵四庫本作「直」。

〔四〕八都剌布　「剌」，文淵四庫本作「刺」。查文津四庫本、彭本、龍本、島夷誌略校注均作「剌」。藤田云：「『剌』或是『馬』之譌。」校釋本注釋云：「藤田云，『剌』或是『馬』之譌。案：八都馬本書有專條，係緬甸古國或古港名。惟八都剌布在本書中不止一見，似未可視『剌』爲『馬』之譌。」按諸種舊本均作「剌」，然域外地名用「剌」多見，用「刺」幾乎不見，蘇繼廎改作「剌」可取，惟需注明。

39 龍牙犀角

峰嶺内平而外聳，〔一〕民環居之，如蟻附坡。厥田下等。氣候半熱。俗厚。男女椎髻，齒白，繫麻逸布。俗以結親爲重，親戚之長者一日不見面，必攜酒持物以問勞之，爲長夜之飲，不見其醉。民煮海爲鹽，釀秫爲酒。有酋長。

地産沉香，冠於諸番，次鶴頂、降真、蜜糖、黄熟香頭。貿易之貨，用土印布、八都剌布、青白花碗之屬。

校勘記

〔一〕峰嶺内平而外聳　「嶺」，校釋本作「頂」，據彭本、文淵四庫本、丁本改。

40 蘇門傍

山如屏而石峭，中有窩藏平坦。地瘠田少，多種麥而食。氣候常暖。俗鄙薄。藉他番以足其食，賴商賈以資其國。〔一〕男女披長髮，短衫爲衣，繫斯吉丹布。煮海爲鹽。有酋長。地産翠羽、蘇木、黄蠟、檳榔。貿易之貨，用白糖、巫崙布、紬絹衣、花色宣絹、塗油、大小水埕之屬。塗油出於東埕塗中，熬曬而成。

校勘記

〔一〕賴商賈以資其國　藤田云："『國』殆『用』之譌。"校釋本校勘記已引。按藤田之説於文意更加通暢、對仗，而原文亦不爲不通。

41 舊港

自淡港入彭家門，民以竹代舟，道多磚塔。田利倍於他壤，云一季種穀，三年生金，〔一〕言其穀變而爲金也。後西洋人聞其田美，每乘舟來取田内之土骨，以歸彼田爲之脈而種穀，舊港之田金不復生，亦怪事也。氣候稍熱。男女椎髻，以白布爲捎。〔二〕煮海爲鹽，釀椰漿爲酒。有酋長。

地產黃熟香頭、金顏香、木綿花，冠於諸番，〔三〕黃蠟、粗降真、絶高鶴頂、中等沉速。貿易之貨，用門邦丸珠、〔四〕四色燒珠、麒麟粒、處甆、銅鼎、五色布、大小水埕甕之屬。

校勘記

〔一〕云一季種穀三年生金　「季」，似當作「年」，則「一年」與「三年」相對。「季」、「季（年）」二字，字形十分接近。

〔二〕以白布爲捎　「捎」，文淵四庫本作「梢」。

〔三〕冠於諸番　「番」，校釋本作「蕃」，據文淵四庫本改。島夷誌略各條多見「他番」、「外番」、「各番」、「諸番」等措辭，不見用「蕃」。

〔四〕用門邦丸珠　藤田云：「『門邦』上殆奪『蘇』字，即此書之蘇門傍。但此國產物無所謂丸珠，獨蘇祿有之。」校釋本注釋云：「門邦丸珠　此珠名不見他書，藤田疑門邦上奪『蘇』字，即本書之蘇門傍。但此國物產無所謂丸珠。獨蘇祿有之。案此珠名門邦丸三字，得視爲馬來語 bau-bau-an 之近音。此馬來語義爲香，故此名即香珠之意。桂海虞衡志云：『香珠出交阯，以泥香捏成小巴豆狀，琉璃珠間之，綵絲貫之。』即本書之門邦丸珠。范氏所言之泥香，即諸香末之混合物。」按島夷誌略「蘇祿」條載地產有珍珠，無丸珠，丸珠或係接近燒珠的一類人工製品。

42 龍牙菩提

環宇皆山，石排類門。無田耕種，但栽薯芋，蒸以代糧。當收之時，番家必堆貯數屋，如中原人積糧，以供歲用。食餘則存，防下年之不熟也。〔一〕園種菓，採蛤蚌、魚蝦而食，倍於薯芋。氣候倍熱。俗樸。男女椎髻，披木綿花單被。〔二〕煮海爲鹽，浸芋根汁以釀酒。〔三〕地產粗香、〔四〕檳榔、椰子。貿易之貨，用紅綠燒珠、牙箱錠、〔五〕鐵鼎、青白土印布之屬。〔六〕

校勘記

〔一〕食餘則存防下年之不熟也　校釋本無「防」字，據文淵四庫本增。

〔二〕披木綿花單被　校釋本「木綿花」前有「絲」字，島夷誌略校注無，藤田云：「『木』上知服齋本有『絲』字，丁本無，今從之。」今據文淵四庫本刪。「綿」，文淵四庫本作「棉」。按島夷誌略或作「綿花」，或作「棉花」。又校釋本校勘記云：「案：『絲』字下疑奪『布繫』字。」

〔三〕浸芋根汁以釀酒　「芋」，校釋本作「葛」，其校勘記云：「『葛』原作『芋』，丁本同，彭本空白，龍本作『葛』，星槎勝覽作『苧麻』二字。案：本書羅衛條云：『以葛根水釀酒。』今依龍本改。」按文淵四庫本作「芋」。龍本出自彭本，因彭本此處缺一字，以意補之。島夷誌略所載以葛根汁釀酒僅見於羅衛，而有多國均載種薯芋，本條之龍牙菩提即其中之一。葛根、芋（薯芋）根均爲淀粉質塊根，葛根汁可以釀酒，想來芋根汁也可以釀酒。今依文淵四庫本、文津四庫本仍改回作「芋」。

〔四〕地產粗香　「粗」，校釋本作「速」，其校勘記云：「『速香　丁本、彭本、龍本『速』作『粗』，藤田云，作『速』是。〔楠案：藤田未改原文，僅注云：『星槎勝覽作速，是也。』」「速」，文淵四庫本作「粗」。按香有精細和粗糙之分，「粗香」自可成立。文獻中亦多見其例，如寶慶四明志卷六敘賦下市舶記各類進口貨物，往往分爲細色和麤色兩大類，涉及香料的細色有麝香、箋香、沉香、丁香、檀香、龍涎香等諸香，而麤色有暫香、速香、香脂、生香、麤香等諸香；（宋元方志叢刊第五册影清咸豐三年宋元四明六志本，中華書局，一九九〇年，第五〇五七頁）宋會要輯稿職官四四市舶司所載紹興三年十二月十七日户部公文，羅列蕃商販來貨物要起發到行在之名單，其中有「麤香」、「麤熟香頭」。（影前北平圖書館影印本，中華書局，一九五七年，第三册，第三三七三頁。按原書「麤香」之「麤」又改爲「麝」）紹興十一年十一月户部重行裁定市舶香藥名色，有「麤香」。（第三三七四頁）今依各本仍改回作「粗」。

〔五〕牙箱錠　藤田云：「『箱』字疑衍。」校釋本注釋引藤田說。

〔六〕青白土印布　藤田云：「『白』下疑有『器』字。」校釋本校勘記云：「丁本、彭本、龍本同。星槎勝覽作『色布』，藤田云，『白』下疑奪『器』字。」

43 毗舍耶

僻居海東之一隅。山平曠，田地少，不多種植。氣候倍熱。俗尚虜掠。男女撮髻，以墨汁刺身至頭頸項，〔一〕臂纏紅絹，〔二〕繫黃布爲捎。〔三〕國無酋長。

地無出產。時常裹乾糧，棹小舟，過外番。伏荒山窮谷無人之境，遇捕魚採薪者，輒生擒以歸，鬻於他國，每一人易金二兩重。〔四〕蓋彼國之人遞相倣傚，習以爲業。故東洋聞毗舍耶之名，皆畏避之也。

校勘記

〔一〕以墨汁刺身至頭頸項　「頭」，校釋本作「踈」，據文淵四庫本改。

〔二〕臂纏紅絹　「臂」，校釋本作「頭」，據文淵四庫本改。前已刺身至「頭頸項」，故此處纏紅絹取「臂」而捨「頭」。

〔三〕繫黃布爲捎　「捎」，文淵四庫本作「飾」。

〔四〕每一人易金二兩重　校釋本無「二」字，彭本、文淵四庫本、丁本有，有「一」字可與「二」字對應，故據彭本、文淵四庫本、丁本補。

44　班卒〔一〕

地勢連龍牙門後山，若纏若斷，起凹峰而盤結，故民環居焉。田瘠，穀少登。氣候不齊，夏則多雨而微寒。俗質。披短髮，假錦纏頭，〔二〕紅紬布繫身。〔三〕煮海爲鹽，釀米爲酒。〔四〕有酋長。

地產上等鶴頂、中等降真、木綿花。貿易之貨，用絲布、鐵條、土印布、赤金、甆器、鐵鼎之屬。

校勘記

〔一〕班卒　「班」，文淵四庫本闕。

〔二〕披短髮假錦纏頭　「假」，島夷誌略校注作「緞」，藤田云：「『緞』，丁本作『假』。又『披』上疑奪『男女』二字。明一統志引島夷志云：『田瘠穀少。氣候不齊，夏則多雨多寒。俗質。男女被短髮，假錦纏頭，紅油布繫身。』鄭曉吾學編、何喬遠名山藏、茅瑞徵象胥録等所言略同，殆皆本此書也。」校釋本作「緞」，其校勘記云：「緞錦纏頭『緞』原作『假』，丁本、彭本同，龍本作『緞』，今依改。」文淵四庫本作「假」。可知諸本皆作「假」，龍本出自彭本，「緞」係龍本所改。按「假錦」見於白氏長慶集日本翻宋大字本、文苑英華明刻本，均爲白居易和張十八祕書謝裴相公寄馬詩，曰：「洗了頷花翻假錦，走時蹄汗踏真珠。」則「假錦」與「真珠」對，看來確有「假錦」。又諸蕃志卷上「渤泥國」條有「假錦」。今據諸本仍改回爲「假」。島夷誌略「丹馬令」條有「假錦」，文淵四庫本、文津四庫本、丁本均作「假」，彭本作「緞」，校釋本改作「緞」，或亦當作「假」。

〔三〕紅紬布繫身　「紬」，文淵四庫本作「油」。

〔四〕釀米爲酒　校釋本後有「名明家西」四字，則爲酒名，文淵四庫本無。按島夷誌略只此處有酒名，今據文淵四庫本刪。

45　蒲奔

地控海濱，山蹲白石。不宜耕種，歲仰食於他國。氣候乍熱而微冷。風俗果決。男女青黑，男垂髻，女拳髻，繫白縵。〔一〕民煮海爲鹽，採蟹黄爲鮓。以木板造舟，藤篾固之，〔二〕以綿花塞縫底，甚柔軟，隨波上下，〔三〕以木爲槳，〔四〕未嘗見有損壞。有酋長。

地産白藤、浮留藤、〔五〕檳榔。貿易之貨，用青甆器、粗碗、海南布、鐵線、大小埕甕之屬。

校勘記

〔一〕繫白縵　「繫」，校釋本無，據文淵四庫本補。

〔二〕藤篾固之　「藤」，文淵四庫本作「籐」。

〔三〕隨波上下　校釋本「下」字後有「蕩」字，據文淵四庫本删。

〔四〕以木爲槳　校釋本「木」字後有「而」字，據文淵四庫本删。

〔五〕浮留藤　「浮」，文淵四庫本作「扶」。

46　假里馬打

山列翠屏，闤闠臨溪。田下，穀不收。氣候熱。俗澆薄。男女髡頭，以竹布爲桶樣穿之，仍繫以捎。〔一〕罔知廉耻。採蕉實爲食。煮海爲鹽，以適他國易米，每鹽一斤易米一斗。

地産番羊，高大者可騎，日行五六十里，及玳瑁。〔二〕貿易之貨，用硫磺、珊瑚珠、闍婆布、青色燒珠、八都剌布之屬。

校勘記

〔一〕仍繫以捎　「捎」，文淵四庫本作「梢」。

〔二〕及玳瑁　文淵四庫本「玳瑁」前有「紫」字，或許爲「紫鑛」一物。

47　文老古〔一〕

益溪通津，〔二〕地勢卑窄。山林茂密，田瘠稻慳。〔三〕氣候熱。俗薄。男女椎髻，繫花竹布爲捎。〔四〕以象齒樹之内室，爲供養之具。民煮海爲鹽，取沙糊爲食。

地産丁香，其樹滿山，然多不常生，三年中間或二年熟。有酋長。〔五〕地每歲望唐舶販其地，往往以五梅雞雛出，〔六〕必唐船一隻來；二雞雛出，必有二隻。以此占之，如響斯應。貿易之貨，用銀、鐵、水綾絲布、巫崙八節那間布、〔七〕土印布、象齒、燒珠、青甆器、埕器之屬。〔八〕

校勘記

〔一〕文老古　「文」，文淵四庫本作「入」，誤。

〔二〕益溪通津　藤田云：「『益』殆『隘』之譌。」校釋本校勘記已引。

〔三〕田瘠稻慳　「慳」，校釋本作「慳」，據文淵四庫本改。

〔四〕繫花竹布爲捎　「捎」，文淵四庫本作「稍」。

〔五〕有酋長　按照島夷誌略敘述的一般次序，「有酋長」當在地產之前。

〔六〕往往以五梅雞雛出　「五梅雞」，不易理解。校釋本注：「五梅雞一名不見他書。郭義恭廣志云：『雞有胡髯、五指、金骹、反翅之種。大者蜀，小者荊，白雞金骹者美。』（初學記卷三〇引）汪大淵所言五梅雞，其梅字疑爲拇字之譌，即郭義恭所謂五指雞。蓋雞脚本爲四指，其多一指而成爲五指者，當屬駢枝之類，未可視其別爲一種也。」「梅」，文淵四庫本作「枚」，則此句文意可通。然後文云二雞雛出則有二唐船來，則此處五枚雞雛出而只有一唐船來似不協調，「五」或爲「一」之譌。綜合而言，以「梅」爲「拇」之譌爲最佳解釋。

〔七〕巫崙八節那間布　「間」，校釋本作「澗」，據文淵四庫本改。島夷誌略有「八節那間」條。

〔八〕埕器之屬　藤田云：「『埕器』之『器』或『甕』之譌也。」校釋本校勘記已引。

48 古里地悶

居重加羅之東北。〔一〕山無異木，唯檀樹爲最盛。以銀、鐵、碗、西洋絲布、色絹之屬爲之貿易也。〔二〕地謂之馬頭，凡十有二所。有酋長。田宜穀粟。氣候不齊，朝熱而夜冷。風俗淫濫。男女斷髮，穿木綿短衫，繫占城布。

市所酒肉價廉。婦不知耻。部領目縱食而貪色，〔三〕酒色之餘，〔四〕卧不覆被，至者染疾多死。〔五〕倘在番苟免，回舟之際，櫛風沐雨，其疾發而爲狂熱，謂之陰陽交，交則必死。昔泉之吴宅，發舶梢衆百有餘人，〔六〕到彼貿易。既畢，死者十八九，間存一二，而多羸弱乏力，駕舟隨風回舶。或時風恬浪息，黄昏之際，則狂魂蕩唱，歌舞不已；夜則添炬輝燿，〔七〕使人魂逝而膽寒。〔八〕吁！良可畏哉。然則其地縱有萬倍之利，〔九〕何益？昔柳子厚謂海賈以生易利，其有甚於此者乎？〔十〕

校勘記

〔一〕居重加羅之東北　校釋本無「重」字，文淵四庫本同。沈曾植、藤田均以爲「加羅」前脱一「重」字，「重加羅」即島夷誌略有專條之「重迦羅」，校釋本未取，以爲「加羅」别有一地。沈曾植注云：「此即星槎勝覽之吉里地悶也。據彼文，此『加羅』上脱一『重』字。」並引明萬曆時何喬遠名山藏云：「遲悶國即故吉里地悶國，居重加羅東。」（按出自卷一〇七王享記，明崇禎刻本作「重迦羅」）藤田注云：「『加』上殆奪『重』字，星槎勝覽『吉里地悶』條襲此書，云其國在重迦羅之東。」按星槎勝覽之後集大抵出自島夷誌略，星槎勝覽傳世版本中，羅以智校本作「迦羅」，天一閣本作「重迦羅」，紀録彙編本亦作「重迦羅」，馮承鈞校注本以羅以智校本爲底本，據天一閣本補「重」字，並轉録紀録彙編本。（馮承鈞星槎勝覽校注後集，中華書局，一九五四年，第六頁）又查明萬曆時游朴諸夷考「吉里地悶」條載：「吉里地悶在重加羅之東。連山茂林，皆檀香樹，無別産。商聚一十二所。田肥穀盛。朝熱暮寒。男女斷髮，穿短衫，夜卧不蓋其體。商舶到，皆婦女登船交易。人染疾病，十死七八，蓋地常温及淫污之故。」（續修四庫全書第七四二册影明萬曆二十年刻本，第四三六頁）此條文字與星槎勝覽似乎有關，但行文多有不同，特別是作「重加羅」而非「重迦羅」，應仍參考島夷誌略。而此條之前一條即「重迦羅」條。此外，東西洋考、皇明象胥録等有關吉里地悶位置記載時均作「重迦羅」。據明人著作中與島夷誌略關係密切之星槎勝覽、諸夷考諸書及名山藏等，可知沈曾植、藤田二人校勘意見可取，今補「重」字。

〔二〕色絹之屬爲之貿易也　「易」，文淵四庫本作「貨」。

〔三〕部領目縱食而貪色　「目」，文淵四庫本無。「色」，校釋本無，據文淵四庫本補。

〔四〕酒色之餘　「酒色」，文淵四庫本作「醉酒」。按前文作「縱食而貪色」，此作「酒色」，涉及兩方面，更佳。

〔五〕至者染疾多死　校釋本「者」字在「染疾」後，據文淵四庫本改。

〔六〕發船梢衆百有餘人　「梢」，文淵四庫本作「稍」。

〔七〕夜則添炬輝燿　「輝」，文淵四庫本作「暉」。

〔八〕使人魂逝而膽寒　「逝」，文淵四庫本作「遊」。

〔九〕然則其地縱有萬倍之利　「其地縱有」，校釋本作「其地雖使有」，文淵四庫本作「□□縱有」，綜合改爲「其地縱有」。

〔十〕其有甚於此者乎　校釋本作「觀此有甚者乎」，彭本作「生此有甚者乎」，據文淵四庫本改。

49 龍牙門

門似單馬錫番兩山相交若龍牙狀，〔一〕中有水道以間之。田瘠稻少。氣候熱，〔二〕四、五月多淫雨。俗好劫掠。昔酋長掘地而得玉冠，〔三〕歲之始以見月爲正初，酋長戴冠披服受賀，今亦遞相傳授。男女兼中國人居之，多椎髻，穿短布衫，繫青布捎。〔四〕

地産粗降真、斗錫。貿易之貨，用赤金、青緞、花布、處甆器、鐵鼎之類。蓋以山無美材，〔五〕貢無異貨，以通泉州之貨易，〔六〕皆剽竊之物也。

舶往西洋，本番置之不問。回船之際，至吉利門，舶人須駕箭棚、〔七〕張布幕、利器械以防之。賊舟二三百隻必然來，迎敵數日，若僥倖順風，或不遇之，否則人爲所戮，貨爲所有，則人死係乎頃刻之間也。

校勘記

〔一〕門似單馬錫番兩山相交若龍牙狀　「似」，校釋本作「以」，文淵四庫本同，據文意改。按「單馬錫番」爲另一地。

〔二〕氣候熱　校釋本前有「天」字，據文淵四庫本删。

〔三〕昔酋長掘地而得玉冠　「酋」，文淵四庫本作「部」。

〔四〕繫青布捎　「捎」，文淵四庫本作「稍」。

〔五〕蓋以山無美材　「材」，文淵四庫本作「林」。

〔六〕以通泉州之貨易　「泉」，文淵四庫本作「衆」。按龍牙門地處海上交通要道，對外貿易，不可能只有泉州一處，似乎作「衆」更佳。「貨」，文淵四庫本作「貿」。

〔七〕舶人須駕箭棚　「棚」，文淵四庫本作「棚」。校釋本校勘記云：「箭棚　丁本同，彭本、龍本『棚』作『稠』。」島夷誌略校注作「棚」，藤田云：「知服齋本作『榈』，今據丁本改。」作「棚」作「棚」，蓋皆可通。

50　崑崙

古者崑崙山，又名軍屯山。山高而方，根盤幾百里，截然乎瀛海之中，與占城東西竺鼎峙而相望。〔一〕下有崑崙洋，因是名也。舶販西洋者，〔二〕必掠之，順風七晝夜可渡。諺云：「上有七州，下有崑崙，針迷舵失，人船孰存？」

雖則地無異產，人無居室，山之窩有男女數十人，〔三〕怪形而異狀，穴居而野處。既無衣褐，日食山菓、魚蝦，夜則宿於樹巢，仿標枝野鹿之世。〔四〕何以知其然也？凡舶阻惡風，灣泊其山之下，男女群聚而玩，撫掌而笑，良久乃去，〔五〕自適天趣。吾故曰：其無懷、大庭氏之民歟？其葛天氏之民歟？

校勘記

〔一〕與占城東西竺鼎峙而相望　校釋本校勘記云：「東西竺　原作『西竺』，彭本、龍本同，星槎勝覽崑崙山條、明史賓童龍傳皆作『東西竺』，藤田疑『西』上奪『東』字。今依補。」按文淵四庫本亦作「西竺」。

〔二〕舶販西洋者　「販」，校釋本作「泛」，據文淵四庫本改。

〔三〕山之窩有男女數十人　「女」，文淵四庫本作「人」。後文有「男女群聚而玩」，則當作「女」。

〔四〕仿標枝野鹿之世　「標枝」，校釋本作「摽技」，據文淵四庫本改。按「標枝野鹿之世」語出莊子天地：「至德之世，不尚賢，不使能，上如標枝，民如野鹿。」（郭慶藩莊子集釋外篇天地，王孝魚點校，中華書局，一九九五年，第四四五頁）

〔五〕良久乃去　「良久乃」，文淵四庫本作「笑而」。

51　靈山

嶺峻而方，石泉下咽。〔一〕民居星散，以結網爲活。田野闢，宜耕種，一岁凡二收穀。舶至其所，則舶人齋沐三日，〔二〕具什事，〔三〕崇佛諷經，燃水燈，放彩船，〔四〕以禳本舶之災，〔五〕始度其下。風俗、氣候、男女，與占城同。

地産藤杖，〔六〕輕小黑紋相對者爲冠，〔七〕每條互易一花斗錫，粗大而紋疏者，一花斗錫互易三條。舶之往復此地，必汲水採薪以濟日用。〔八〕次得檳榔、荖葉，〔九〕餘無異物。貿易之貨，用粗碗、燒珠、鐵條之屬。

校勘記

〔一〕石泉下咽　「咽」，文淵四庫本同，不易理解，或当作「洇」則易解。
〔二〕則舶人齋沐三日　「舶」，文淵四庫本作「船」。
〔三〕具什事　「具」，校釋本作「其」，據文淵四庫本改。
〔四〕放彩船　「船」，文淵四庫本作「舶」。
〔五〕以禳本舶之災　藤田云：「星槎勝覽靈山條略襲此文，『本船』之『本』作『人』。」作「人」似更佳。
〔六〕地產藤杖　「藤」，文淵四庫本作「籐」。
〔七〕輕小黑紋相對者爲冠　「紋」，文淵四庫本作「文」。
〔八〕舶之往復此地必汲水採薪以濟日用　此句置於此處，不相協調，調至「舶至其所」之前，似較合適。
〔九〕荖葉　「荖」，文淵四庫本作「老」。

52 東西竺

石山嵯峨，〔一〕形勢對峙，地勢雖有東西之殊，不啻蓬萊、方丈之爭奇也。田瘠，不宜耕種，歲仰淡洋米穀足食。〔二〕氣候不齊，四、五月淫雨而尚寒。俗樸略。男女斷髮，繫占城布。煮海爲鹽，釀椰漿爲酒。有酋長。

地産檳榔、茗葉、〔三〕椰心簟、〔四〕木綿花。番人取其椰心之嫩而白者，或素或染，織而爲簟，以售唐人。〔五〕其簟冬暖而夏涼，亦可貴也。貿易之貨，用花錫、胡椒、鐵器、薔薇露水之屬。〔六〕

校勘記

〔一〕石山嵯峨　「山」，校釋本校勘記云：「『山』原作『上』，丁本、彭本、龍本同，藤田云，『上』殆『山』之譌。今從之。」按文淵四庫本亦作「上」。又沈曾植改爲「山」。

〔二〕歲仰淡洋米穀足食　「洋」，校釋本作「淨」，文淵四庫本同。校釋校勘記中已指出龍本作「洋」，星槎勝覽亦作「洋」。而島夷誌略又有「淡洋」條，綜合改作「洋」。

〔三〕茗葉　「茗」，文淵四庫本作「老」。

〔四〕椰心簟　「心」，文淵四庫本作「子」。

〔五〕以售唐人　「以售」，文淵四庫本作「售之」。

〔六〕薔薇露水之屬　「薔薇露水」，校釋本作「薔薇水」，其校勘記云：「薔薇水　原作『薔薇露水』，丁本、彭本、龍本同。藤田云，『薔薇露即薔薇水』，此衍『露』字。案：本書龍涎嶼、須文答剌、喃哑哩、高郎步、古里佛諸條皆作薔薇水，今删『露』字。」查藤田原文爲：「薔薇露即薔薇水，此衍露若水。」其意爲衍「露」字或「水」字。文淵四庫本亦作「薔薇露水」。按「薔薇露水」亦爲元明時人所用。元人張昱詩次林叔大都事韻其四云：「無端收得番羅帕，徹夜薔薇露水香。」（張光弼詩集卷六，四部叢刊續編影明鈔本）元人劉涣詩絶句云：「背人撲得雙蝴蝶，滿扇薔薇露水香。」（列朝詩集甲集卷十七，清順治九年毛氏汲古閣刻本）明人湯顯祖詩聽香山譯者云：「花面蠻姬十五强，薔薇露水拂朝粧。」（湯顯祖玉茗堂全集詩集卷十四，續修四庫全書第一三六二册影明天啓刻本，第八四〇頁）今據各本改回爲「薔薇露水」。

53 急水灣

灣居巴緑嶼之下，其流奔騖。舶之時月遲延，兼以潮汐南北，人莫能測，舶洄漩於其中，則一月莫能出。昔有度元之舶，流寓在其中二十餘日，失風，針迷舵折，舶遂閣淺，人船貨物，俱各漂蕩。偶遺三人於礁上者，枵腹五日，又且斷舶往來，輒採礁上螺蚌食之。當此之時，命懸於天。忽一日大木二根，浮海而至礁旁，〔一〕人抱其木，隨風飄至須門答剌之國，幸而免溺焉。

校勘記

〔一〕浮海而至礁旁　「旁」，文淵四庫本作「傍」。

54 花面

其山逶迤，其地沮洳。田極肥美，足食有餘。男女以墨汁刺於其面，故謂之花面，國名因之。氣候倍熱。俗淳。有酋長。

地産牛羊、雞鴨、檳榔、甘蔗、荖葉、〔一〕木綿。貨用鐵條、青布、粗碗、青處器之屬。舶經其地，不過貿易以供日用而已，餘無可興販也。

校勘記

〔一〕荖葉　「荖」，文淵四庫本作「老」。

55 淡洋

港口通官場百有餘里，洋其外海也。内有大溪之水源，二千餘里，奔流衝合於海。其海面一流之水清淡，舶人經過，往往乏水，則必由此汲之，故名曰淡洋。過此以往，未見其海洋之水不鹹。取其水灌田，常熟。氣候熱。風俗淳。男女椎髻，繫溜布。有酋長。

地產降真香、蓽粟，其粒與亞蘆同，米顆雖小，炊飯則香。貿易之貨，用赤金、鐵器、粗碗之屬。

56 須文答剌

峻嶺掩抱，地勢臨海。田磽穀少。風俗澆薄。〔一〕其酋長人物修長，〔二〕一日之間必三變色，或青或黑或赤。每歲必殺十餘人，取自然血浴之，則四時不生疾病，故民皆畏服焉。男女椎髻，繫紅布。

土產腦子、粗降真，香味短，鶴頂、斗錫。種茄樹，高丈有餘，經三四年不萎，〔三〕生茄子以梯摘之，如西瓜大，重十餘斤。貿易之貨，用西洋絲布、樟腦、薔薇水、黃油傘、青布、五色緞之屬。

校勘記

〔一〕風俗澆薄　校釋本作「男女繫布縵。俗薄」，文淵四庫本作「風俗澆薄」，考慮到後文有「男女椎髻，繫紅布」，據文淵四庫本改。

〔二〕其酋長人物修長　「酋」，文淵四庫本作「部」。

〔三〕經三四年不萎　「萎」，島夷誌略校注作「萃」，藤田云：「『萃』，殆『瘁』之譌。丁本作『萎』。一統志大茄注云：『樹高丈餘，經三四年不瘁，結子大如西瓜，重十餘斤，以梯摘之。』」校釋本校勘記云：「彭本、龍本作『萃』。〔楠案：藤田云『萃』即『瘁』譌。〕」文淵四庫本作「萎」。按「萃」意爲草叢生，似可通；作「瘁」則意指枯萎，亦可通。

57 僧加剌

疊山環翠，洋海橫絡。〔一〕其山之腰，有佛殿巋然，則釋迦佛肉身所在，民從而像之。迨今以香燭事之若存。〔二〕海濱有石如蓮臺，上有佛足跡，長二尺有四寸，闊七寸，深五寸許。跡中海水入其内，不鹹而淡，味甘如醴，病者飲之則愈，老者飲之可以延年。土人長七尺餘，面紫身黑，眼巨而長，手足温潤而壯健，宛然佛家種子，〔三〕壽多至百有餘歲者。佛初憐彼方之人貧而爲盜，故以善化其民，復以甘露水洒其地。

産紅石，土人掘之，以左手取者爲貨，右手尋者設佛後，得此以濟貿易之貨，〔四〕皆令温飽而善良。其佛前有一鉢盂，非玉非銅非鐵，色紫而潤，敲之有玻璃聲，〔五〕故國初凡三遣使以取之。〔六〕至是，則舉浮屠之教以語人，故未能免於儒者之議。然觀其土人之梵相，風俗之敦厚，詎可弗信也夫！

校勘記

〔一〕洋海横絡　「絡」，校釋本作「絲」，據文淵四庫本改。
〔二〕今以香燭事之若存　「香燭」，文淵四庫本作「香花燭」。
〔三〕宛然佛家種子　「宛」，校釋本作「聿」，據文淵四庫本改。校釋本校勘記稱文津四庫本作「穴」，正是「宛」字之譌。
〔四〕得此以濟貿易之貨　「此」，校釋本無，據文淵四庫本增。
〔五〕敲之有玻璃聲　「璃」，文淵四庫本作「瓈」。
〔六〕故國初凡三遣使以取之　「以」，文淵四庫本無。

58 勾欄山〔一〕

嶺高而樹林茂密。田瘠穀少。氣候熱。俗射獵爲事。國初，軍士征闍婆，遭風於山下，輒損舟。一舟幸免，唯存釘灰。〔二〕見其山多木，故於其地造舟一十餘隻，若檣柁、若帆、若篙，靡不具備，飄然長往。有病卒百餘人不能去者，遂留山中。今唐人與番人叢雜而居之。男女椎髻，穿短衫，繫巫崙布。

地産熊豹鹿麂皮、玳瑁。貿易之貨，用穀米、色絹、〔三〕青布、銅器、青器之屬。

校勘記

〔一〕勾欄山　「勾」，文淵四庫本作「交」。按此島有「勾欄山」、「交欄山」二名。

〔二〕唯存釘灰　「釘」，校釋本作「丁」，據文淵四庫本改。

〔三〕色絹　島夷誌略校注作「五色絹」，藤田云：「知服齋本『米』下更有『米』字，丁本無之，星槎勝覽交欄山條與此書文略相同，而作『五』，今從之。」校釋本作「五色絹」，其校勘記云：「五色絹　『五』原作『米』，彭本、龍本同，丁本無『米』字，本書他處有色絹與五色絹，而無『米色絹』，『米』乃沿上『穀米』二字而誤。星槎勝覽作『五色布』，今依改。」文淵四庫本作「色絹」，可通，今據之。

59　特番里〔一〕

國居西南角，名爲小食。官場深邃，前有石崖當關以守之，後有石洞周匝以居之。厥土塗泥，厥田沃饒臨溪，溪又通海，海口有閘，春月則放水灌田耕種，時雨降則閉閘，或歲旱則開焉。民無水旱之憂，長有豐稔之慶，故號爲樂土。氣候應節。俗淳。男女椎髻，繫青布。煮海爲鹽，釀茭葉爲酒，〔二〕燒羊羔爲食。

地産好黄蠟，綿羊高四尺許，波羅大如斗，甜瓜三四尺圍。貿易之貨，用麻逸布、五色紬緞、錦緞、銅鼎、紅油布之屬。

校勘記

〔一〕特番里　「里」，島夷誌略校注作「利」，与其底本龍本不同，誤。

〔二〕釀茭葉爲酒　「茭」，文淵四庫本作「老」。

60 班達里

地與鬼屈波思國爲鄰。山峙而石盤。田瘠穀少。氣候微熱，淫雨間作。俗怪。屋旁每有鬼夜啼如人聲，〔一〕相續至五更而啼止。次日，酋長必遣人乘騎鳴鑼以逐之，卒不見其蹤影也。厥後立廟宇於盤石之上以祭焉，〔二〕否則人畜有疾，國必有災。男女丫髻，繫巫崙布。不事針縷紡績。〔三〕煮海爲鹽。

地產甸子、鴉忽石、兜羅綿、木綿花、青蒙石。貿易之貨，用諸色緞、青白磁、〔四〕鐵器、五色燒珠之屬。

校勘記

〔一〕屋旁每有鬼夜啼如人聲　「旁」，文淵四庫本作「傍」。

〔二〕厥後立廟宇於盤石之上以祭焉　文淵四庫本同。島夷誌略校注作「立廟於盤石之上以祭焉」，藤田云：「『廟』下知服齋本有『守宇』二字，『祭』作『立』，今從丁本改。」校釋本校勘記云：「立廟宇於盤石之上以祭焉　丁本無『宇』字，彭本、龍本作『立廟守宇於盤石之上以立焉』。」

〔三〕不事針縷紡績　「縷」，校釋本作「鏤」，未出校勘記，查島夷誌略校注作「鏤」，文淵四庫本、文津四庫本、彭本、丁本、龍本、補抄文瀾四庫本、島夷誌略廣證均作「縷」，今據改。按此處記織物相關事，作「鏤」，意爲雕刻，顯誤。

〔四〕青白磁　「磁」，校釋本作「瓷」，彭本、文淵四庫本均作「磁」。按諸本中多作「磁」或「甆」，少見「瓷」，今仍改作「磁」。

61 曼陀郎

國界西北隅，與播寧接壤。〔一〕地瘠，〔二〕宜種麥。酋長七尺有餘。二國勢均，不事侵伐，故累世結姻，頗有朱陳村之俗焉。蠻貊之所僅聞，他國之所未見者。氣候少熱。男女挽髻，以白布包頭，皂布爲服。以木犀花釀酒。

地産犀角，木綿摘四斗花可重一斤，西瓜五十斤重有餘，石榴大如斗。貿易之貨，用丁香、荳蔻、良薑、蓽茇、五色布、青器、斗錫、酒之屬。

校勘記

〔一〕與播寧接壤　「播」，校釋本作「波」，文淵四庫本作「播」，校釋本校勘記已説明丁本、彭本、龍本均作「播」，今改爲「播」。

〔二〕地瘠　「地」，校釋本作「壤」，文淵四庫本作「地」，又島夷誌略他條或作「田地瘠」，或作「地瘠」，據文淵四庫本改。前文作「與播寧接壤」，校釋本所據底本或因此而作「壤」。

62 喃哑哩

地當喃哑哩洋之要衝，大波如山，動盪日月，望洋之際，疑若無地。民居環山，〔一〕各得其所。男女椎髻，露體，繫布捎。〔二〕田瘠穀少。氣候暖。俗尚劫掠，亞於單馬錫也。地產鶴頂、龜筒、玳瑁、降真香，冠於各番。貿易之貨，用金銀、鐵器、薔薇水、紅絲布、樟腦、青白花碗之屬。

夫以舶歷風濤，回經此國，幸而免於魚龍之厄，而又罹虎口，莫能逃之，其值風信之乖時使之然歟！〔三〕

校勘記

〔一〕民居環山　「民居」，校釋本作「居民」，據文淵四庫本乙。

〔二〕繫布捎　「布捎」，文淵四庫本作「稍布」。

〔三〕其值風信之乖時使之然歟　「值」，校釋本作「亦」，「信」，校釋本作「汛」，均據文淵四庫本改。按「風信」即信風，此處使用更爲合適。

63 北溜

地勢居下，千嶼萬島。舶往西洋，過僧加剌傍，潮流迅急，更值風逆，輒漂此國。候次年夏東南風，舶仍出溜。〔一〕水中有石槎牙，〔二〕利如鋒刃，蓋已不完舟矣。地產椰子索、𧴩子、魚乾、大手巾布。海商每將一舶𧴩子下烏爹、朋加剌，必互易米一船有餘。蓋彼番以𧴩子權錢用，亦久遠之食法也。

校勘記

〔一〕舶仍出溜　「出溜」，校釋本作「上溜之北」，據文淵四庫本改。又查丁本作「上溜之皆」，「皆」蓋「北」之譌。

〔二〕水中有石槎牙　校釋本「槎」後有「中」字，據文淵四庫本删。校釋本校勘記云：「水中有石槎中牙　丁本、彭本、龍本同，藤田云，『中牙』二字殆『枒』之譌。」按藤田原文無「二字」二字。

64 下里

國居小唄喃、古里佛之中，又名小港口。山曠而原平，地方數千餘里。民所奠居，星羅碁布，〔一〕家給人足。厥田中下，農力耕。氣候暖。風俗淳。民尚氣，出入必懸弓箭及牌以隨身。男女削髮，繫溜布。

地産胡椒，冠於各番，不可勝計。椒木滿山，蔓衍如藤蘿，〔二〕冬花而夏實。民採而蒸曝，以乾爲度。其味辛，〔三〕採者多不禁其味之觸人，甚至以川芎煎湯解之。他番之有胡椒者，皆此國流波之餘也。

校勘記

〔一〕星羅碁布　「碁」，文淵四庫本作「棊」。

〔二〕蔓衍如藤蘿　「藤」，文淵四庫本作「籐」。

〔三〕其味辛　「辛」，文淵四庫本作「辣」。

65　高郎步

大佛山之下，灣環中縱横皆鹵股石。其地濕皋。〔一〕田瘠，米穀翔貴。氣候暖。俗薄。舶人不幸失風，或駐閣於其地者，徒爲酋長之利。舶中所有貨物，多至全璧而歸之，酋以爲天賜也，孰知舶人妻子饑寒之所望哉！男女撮髻，繫八節那間布捎。〔二〕煮海爲鹽，釀蔗漿爲酒。有酋長。

地産紅石頭，與僧加剌同。貿易之貨，用八丹布、斗錫、酒、薔薇水、蘇木、金銀之屬。

校勘記

〔一〕其地濕皋　「皋」，校釋本校勘記云龍本作「卑」，文淵四庫本作「臯」。按「濕卑」爲形容詞，似更佳。又「濕皋」爲名詞，見於左傳（孔穎達等春秋左傳正義卷二三襄公二十五年，續修四庫全書第一一七册影國家圖書館藏宋慶元六年紹興府刻宋元遞修本，第六三一頁），亦似更佳。

〔二〕繫八節那間布捎　「節」，校釋本作「即」，文淵四庫本作「郎」，按「八節那間」爲地名，島夷誌略有「八節那間」條，又「文老古」條有「巫崙、八節那間布」，據改。沈曾植、藤田已指出「郎」當作「節」。「捎」，文淵四庫本作「稍」。

66　沙里八丹

國居古里佛山之後。其地沃衍，田少。〔一〕俗美。氣候微暖。男女繫布，纏頭。循海而居，珠貨之馬頭也。民有犯罪者，以石灰畫圈於地，使之立圈内，不令轉足，此其極刑也。

地産八丹布、珍珠，由第三港來，皆物之所自産也。〔二〕其地採珠，官抽畢，皆以小舟渡此國互易，富者用金銀以低價塌之。〔三〕舶至，求售於唐人，其利豈淺鮮哉！

校勘記

〔一〕其地沃衍田少　既云「沃衍」，又云「田少」，似相矛盾，或有誤字。

〔二〕皆物之所自産也　沙里八丹之珍珠由第三港來，則不得稱「皆物之所自産也」。又「皆物之所自産也」亦不甚通，或有誤字。

〔三〕富者用金銀以低價塌之　「塌」字文意不通，沈曾植、藤田皆改爲「博」。

67 金塔

古崖之下，聖井傍有塔十丈有餘。塔頂曾鍍以金，其頂頽而石爛，惟苔蘚青青耳。上有鶴巢，寬七尺餘，有朱頂雌雄二鶴長存，人見每歲常巢於其上，〔一〕酋長子孫相傳以來千有餘年矣。春則育一二雛，及羽翼成，飛去，惟老鶴存焉。國人書扁曰「老鶴里」。土瘠而民貧。氣候不齊。俗樸。男女椎髻，纏白布，繫溜布。民煮海爲鹽，男女耕織爲業，〔二〕壽多至百有餘歲。

地産大布手巾、木綿。貿易之貨，用鐵鼎、五色布之屬。

校勘記

〔一〕有朱頂雌雄二鶴長存人見每歲常巢於其上　「人見」，校釋本作「不去」，屬上，此據文淵四庫本。校釋本校勘記云：「長存不去　丁本作『迴翔鶴淚』，彭本、龍本作『長存漢人』。〔楠案：藤田校注本作『迴翔鳴淚』，注云：『據丁本改。』〕」查丁本作「迴翔鳴淚」。又按丁本出自文津四庫本，蓋因文意不甚通暢而改。「常」，校釋本無，此據文淵四庫本。「於」，文淵四庫本無。

〔二〕男女耕織爲業　「男女」，校釋本作「女」，文淵四庫本同。按「男女」與「耕織」相對，今據文意改。

68 東淡邈

皋揵相去有間，近希苓數日程。山瘠民閑，〔一〕田沃稻登，百姓充給。氣候熱。俗重耕牛，每於二月舂米爲餅以飼之，名爲報耕種之本。男女椎髻，繫八丹布。煮海爲鹽，釀椰漿爲酒。有酋長。

地產胡椒，亞於闍婆、玳瑁、木綿、大檳榔。貿易之貨，用銀、五色布、銅鼎、鐵器、燒珠之屬。

校勘記

〔一〕山瘠民閑　此处之「民閑」，各本均同，或作「閒」，或作「間」，前后不協，疑有誤字。島夷誌略「吉蘭丹」條云「山瘠而田少」，「羅衛」條云「山瘠田美」，此處似應仍與田有關。

69 大八丹

國居西洋之後，名雀婆嶺，相望數百里。田平豐稔，時雨霑渥。近年田中生叢禾，丈有餘長，禾莖四十有八，穀粒一百三十，長半寸許，國人傳玩以爲禾王。民掘禾王，〔一〕移至酋長之家。一歲之上，莖不枯槁，後其穗自墜，色如金。養之以檳榔灰，使其不蛀。迨今存其國，時出曝之，以爲寶焉。氣候熱。俗淳。男女短髮，穿南溜布。煮海爲鹽。地產綿布、婆羅蜜。貿易之貨，用南絲、鐵條、紫粉、木梳、白糖之屬。

校勘記

〔一〕民掘禾王　島夷誌略廣證作「民間禾王」。島夷誌略校注作「民堀禾土」，藤田云：「『堀』，知服齋本作『間』，今據丁本改。『土』，沈本作『王』。」校釋本校勘記云：「民掘禾土　丁本同，彭本、龍本『掘』作『間』。」文淵四庫本作「民掘禾土」。從文意看，「民掘禾王」爲最佳，今改。

70 加里那

國近具山。其地磽確。田瘠穀少。王國之亞波下，有石穴深邃。有白牛種，每歲逢春産白牛，仍有雌雄，酋長畜之，名官牛，聽其自然孳育於國。酋長因其繁衍，〔一〕以之互市他國，〔二〕得金十兩，厥後牛遂不産。氣候稍熱。風俗淳厚。男女髡髮，穿長衫。煮井爲鹽，釀椰漿爲酒。

地産綿羊，高大者二百餘斤，逢春則割其尾，用番藥搽之，次年其尾復生如故。貿易之貨，用青白花碗、細絹、鐵條、蘇木、水銀之屬。

校勘記

〔一〕酋長因其繁衍　「因」，文淵四庫本作「以」。

〔二〕以之互市他國　「以」，文淵四庫本作「因」。

71　土塔

居八丹之平原，赤石圍繞，〔一〕有土磚甃塔，高數丈。漢字書云：「咸淳三年八月畢工。」傳聞中國之人其年販彼，〔二〕爲書於石以刻之，至今不磨滅焉。土瘠田少。氣候半熱，秋冬微冷。俗好善。民間多事桑香聖佛，以金銀器皿事之。男女斷髮，其身如漆，繫以白布。有酋長。

地産綿布、花布、大手巾、檳榔。貿易之貨，用糖霜、五色絹、青緞、蘇木之屬。

校勘記

〔一〕赤石圍繞　「赤」，校釋本作「木」，據文淵四庫本改。

〔二〕傳聞中國之人其年販彼　「販」，校釋本作「皈」，校勘記云：「皈彼　彭本、龍本同，丁本『皈』作『彷』。藤田云『皈』殆『販』之誤，沈氏改作『旅』。」今據文淵四庫本改。

72 第三港

古號馬淵，今名新港，口岸分南北，民結屋而居。田土、氣候、風俗、男女與八丹同。去此港八十餘里，洋名大朗，〔一〕蚌珠海內爲最富。採取之際，酋長殺人及十數牲祭海神。選日，集舟人採珠。每舟以五人爲率，二人蕩槳，二人收綆，其一人用圈竹匡其袋口，懸於頸上，仍用收綆，繫石於腰，放墜海底，以手爬珠蚌入袋中。遂執綆牽掣，其舟中之人收綆，人隨綆而上，纔以珠蚌傾舟中。既滿載，則官場週回皆官兵守之。越數日，候其肉腐爛，則去其殼，以羅盛腐肉漩轉洗之，〔二〕則肉去珠存。仍巨細篩閱，於十分中，官抽一半，以五分與舟人均分。非祭海神以取之，〔三〕入水者多葬於鱷魚之腹。吁！得之良可憫也。舶人

幸當其取之歲，往往以金與之互易，歸則樂數倍之利，富可立致，特罕逢其時耳。〔四〕

校勘記

〔一〕洋名大朗　「朗」，文淵四庫本作「郎」。

〔二〕以羅盛腐肉漩轉洗之　「漩」，文淵四庫本作「旋」。

〔三〕非祭海神以取之　「非祭」，文淵四庫本作「若失」。

〔四〕特罕逢其時耳　「罕」，文淵四庫本作「幸」。

73 華羅〔一〕

植椰樹爲疆理，〔二〕疊青石爲室。田土瘠磽，宜種稌。〔三〕氣候常熱，秋冬草木越增茂盛。俗怪。民間每創石亭數四，塑以泥牛，或刻石爲像，朝夕諷經，敬之若神佛焉，〔四〕仍以香花燈燭爲之供養。凡所主之壇，所行之地，及屋壁之上，悉以牛糞和泥塗之，反爲潔淨。鄰人往來，苟非其類，則不敢造其所。男女形黑。無酋長，年尊者主之。語言謘陟加反。詉。女加反。以檀香、牛糞搽其額，以白細布纏頭，〔五〕穿長衫，與今之南毗人少異而大同。

校勘記

〔一〕華羅　藤田云：「疑奪『南尼』二字。嶺外代答、諸蕃志並有西天南尼華羅國。」校釋本引藤田之説，並予否定。主要理由爲南尼華囉本胡茶辣都城名，汪大淵西遊時城已式微，且此地深入内陸，汪氏是否親履其地，不無可疑。因此華羅是否爲南尼華囉之省稱，殊不易必。考華羅爲蘇剌佗半島古港 Veravál 或 Vurauli。按島夷誌略所載華羅與諸蕃志所載南尼華羅國有其共性，均以牛糞塗墻以示潔淨，慮及島夷誌略並非均是汪大淵所親歷，藤田之説仍值得重視。不過未必解釋爲脱字，省稱之可能性更大。

〔二〕植椰樹爲疆理　「植」，文淵四庫本作「揎」。

〔三〕宜種稌　「稌」，文淵四庫本作「稻」。

〔四〕敬之若神佛焉　「神」，校釋本作「人」，據文淵四庫本改。

〔五〕以白細布纏頭　「白細布」，校釋本作「白布細布」，據文淵四庫本改。

74　麻那里

界迷黎之東南，居垣角之絶島。石有楠樹萬枝，周圍皆水，有蠔如山立，人少至之。〔一〕土薄田瘠。氣候不齊。俗侈。男女辮髮以帶捎，臂用金釧，〔二〕穿五色絹短衫，以朋加刺布爲獨幅裙繫之。

地産駱駝，高九尺，土人以之負重。有仙鶴，高六尺許，以石爲食，〔三〕聞人拍掌，則聳翼而舞，其容儀可觀，亦異物也。

校勘記

〔一〕人少至之　「至」，校釋本作「主」，據文淵四庫本改。

〔二〕男女辮髮以帶捎臂用金鈿　藤田云：「『以帶捎』三字不可通。『鈿』殆『纏』之誤。」校釋本校勘記云：「『臂用金鈿』『用』字諸本同，疑爲『纏』之譌。『鈿』原作『細』，丁本同，彭本、龍本作『鈿』，今依改。」「鈿」，文淵四庫本作「絲」。

〔三〕以石爲食　「石」，文淵四庫本作「穀」。

75　加將門里

去加里二千餘里。〔一〕喬木成林，修竹高節。其地堰瀦，田肥美，一歲三收穀。通商販於他國。氣候常熱。俗薄。〔二〕男女挽髻，穿長衫。叢雜回人居之。其土商每興販黑囡往朋加剌，〔三〕互用銀錢之多寡，〔四〕隨其大小高下而議價。民煮海爲鹽，釀蔗漿爲酒。有酋長。

地產象牙、兜羅綿、花布。貿易之貨，用蘇杭五色緞、南北絲、土紬絹、巫崙布之屬。

校勘記

〔一〕去加里二千餘里 「加里」，沈曾植加一「那」字作「加里那」。校釋本校勘記云：「加里 丁本、彭本、龍本同，丁本『里』作『那』。〔楠案：藤田注云：『沈本及別本作加里那。』〕」查丁本作「加里」，校釋本誤引。校釋本注釋以爲別有一地「加里」，不應作「加里那」。按文淵四庫本亦作「加里」。藤田所謂別本，不知何本，今所知各本均作「加里」；島夷誌略廣證以龍本爲底本，龍本亦作「加里」。惟島夷誌略有「加里那」條，在此條前第五條，「加里」似有本作「加里那」之可能。

〔二〕俗薄 「薄」，藤田云：「丁本作涫。」

〔三〕其土商每興販黑図往朋加剌 「図」，文淵四庫本、丁本作「囫」。

〔四〕互用銀錢之多寡 島夷誌略校注作「互銀錢之多寡」，藤田云：「『互』下丁本有『用』字，沈本、別本有『市』字。」校釋本校勘記云：「互用 丁本同，彭本、龍本無『用』字。案：『互用』疑爲『互市』之譌，沈氏即作『互市』。」按文淵四庫本亦作「互用銀錢之多寡」。「互用」可通，與下一句正可對應，「互市」則不順暢，自不必改爲「互市」。島夷誌略廣證因龍本「互銀錢之多寡」不同而在「互」字下補「市」字而已。

76 波斯離

境與西夏聯屬，〔一〕地方五千餘里。關市之間，民比居如魚鱗。田宜麥、禾。氣候常冷。風俗侈麗。男女長身，編髮，穿駝褐毛衫，以軟錦爲茵褥。〔二〕燒羊爲食。煮海爲鹽。

有酋長。

地産琥珀、軟錦、駝毛、膃肭臍、没藥、萬年棗。貿易之貨，用氊毯、五色緞、雲南葉金、白銀、倭鐵、大風子、牙梳、鐵器、達剌斯離香之屬。

校勘記

〔一〕境與西夏聯屬　藤田云：「『西夏』疑『大夏』之謌。」校釋本校勘記云：「西夏　丁本、彭本、龍本同。藤田云：『西夏疑是大夏之謌。』」文淵四庫本亦作「西夏」。按「大夏」爲古老的地名，而「西夏」則相去汪大淵的時代不太遠，且在中土最西部，未必有誤。

〔二〕以軟錦爲茵褥　「褥」，校釋本作「耨」，據彭本、文淵四庫本改。

77 撻吉那

國居達里之地，即古之西域。山少而田瘠。〔一〕氣候半熱，天常陰晦。俗與羌同。男女身面如漆，眼圓白，髮鬅鬙，籠軟錦爲衣。女資紡織爲生，〔二〕男採鴉鶻石爲活。煮海爲鹽，釀安石榴爲酒。有酋長。

地産安息香、琉璃瓶、硼砂、梔子花，尤勝於他國。貿易之貨，用沙金、花銀、五色緞、鐵鼎、銅線、琉磺、〔三〕水銀之屬。

校勘記

〔一〕山少而田瘠　「而」，校釋本無，據文淵四庫本增。

〔二〕女資紡織爲生　「織」，文淵四庫本作「績」。

〔三〕琉磺　「磺」，校釋本作「黄」，據文淵四庫本改。校釋本校勘記云：「硫黄　『黄』原作『璜』，丁本同，彭本『琉』下空一格，龍本作『黄』，今依龍本改，惟『琉』疑爲『硫』之誤。」按彭本「琉」字下不空一格，龍本據彭本，「黄」當係其所補。

78 千里馬

北與大奮山截界。溪水護市，四時澄徹，形勢寬容。田瘠穀少。氣候乍熱。俗淳。男女斷髮，身繫絲布。煮海爲鹽，釀桂屑爲酒。有酋長。

地産翠羽、百合、蘿蕷。〔一〕貿易之貨，用鐵條、粗碗、蘇木、鉛針之屬。

校勘記

〔一〕蘿蕷　「蘿」，沈曾植改作「薯」。藤田云：「『蘿』，沈本作『薯』，是也。」校釋本校勘記云：「蘿蕷　丁本、彭本、龍本同，沈本『蘋』作『薯』。」按校釋本校勘記引沈本「蘋」當作「蘿」。文淵四庫本亦作「蘿蘋」。

79 大佛山

大佛山界於迓里、高郎步之間。〔一〕

至順庚午冬十月十有二日，因卸帆於山下，是夜月明如晝，海波不興，水清徹底。起而徘徊，俯窺水國，有樹婆娑。余指舟人而問：「此非青琅玕珊瑚樹者耶？」〔二〕曰：「非也。」「此非月中娑羅樹影者耶？」〔三〕曰：「亦非也。」乃命童子入水採之，〔四〕則柔滑；拔之出水，則堅如鐵。把而玩之，高僅盈尺，則其樹槎牙盤結奇怪，〔五〕枝有一花一蘂，紅色天然，既開者彷彿牡丹，半吐者類乎菡萏。舟人秉燭環堵而觀之，衆乃雀躍而笑曰：「此瓊樹開花也。誠海中之稀有，亦中國之異聞。余歷此四十餘年，未嘗有睹於此。〔六〕君今得之，茲非千載而一遇者乎！」余次日作古體詩一首，〔七〕以記其實。袖之以歸，豫章邵庵虞先生見而賦詩，迨今留於君子堂以傳玩焉。

校勘記

〔一〕界於迓里、高郎步之間　「界」，文淵四庫本作「介」。

〔二〕此非青琅玕珊瑚樹者耶　「青」，文淵四庫本作「清」。「樹」，校釋本作「珠」，文淵四庫本同。按前文云水下「有樹婆娑」，後文云「此非月中娑羅樹者耶」，此處仍當作類似於樹之發問，方符合前後文意。而「青琅玕」爲珊瑚樹中之一種，係青色，故可稱「青琅玕珊瑚樹」。諸蕃志卷上「三嶼」條附載蒲哩嚕云「産青琅玕珊瑚樹，然絶難得」（景印文淵閣四庫全書第五九四册，第二五頁），顯然不能斷開，普通珊瑚樹不能稱之「然絶難得」。又島夷誌略「哩伽塔」條云「地産青琅玕珊瑚樹，其樹或長一丈有餘，或七八尺許，圍一尺有餘」，長圍具體描述也應是針對某一種東西。又按「哩伽塔」條中「珊瑚樹」之「樹」，各本均作「樹」。

〔三〕此非月中娑羅樹影者耶　「影」，校釋本無，據文淵四庫本增。按此處並非實指水中之珊瑚爲娑羅樹，故以有「影」字爲佳。又按文津四庫本、彭本、龍本亦皆有「影」字，校釋本係以文津四庫本爲底本，且未出校勘記，此處有誤。查校釋本注釋有云「然印度人所傳月中樹影是閻浮樹影而非娑羅樹影也」，則此處係排印中刊落「影」字之故。

〔四〕乃命童子入水採之　「乃」，文淵四庫本無。文淵四庫本「水」後有「中」字。

〔五〕則其樹槎牙盤結奇怪　此句句首似當有一「然」字。

〔六〕未嘗有睹於此　「有」，校釋本無，據文淵四庫本增。

〔七〕余次日作古體詩一首　「一」，校釋本作「百」。按因爲珊瑚而作詩百首，似可能性不大，今據文淵四庫本改。

80 須文那

國與班支尼那接境。〔一〕山如瓜瓟，〔二〕民樂奠居。田瘠穀少。氣候應節。俗鄙薄。男女蓬頭，繫絲布。〔三〕酋長之家有石鶴，高七尺餘，身白而頂紅，彷彿生像，〔四〕民間事之爲神鶴。四、五月間，聽其夜鳴，則是歲豐稔。凡有疾則卜之，如響斯應。民不善煮海爲鹽。地産絲布、胡椒，亞於希苓、淡邈、〔五〕孩兒茶，又名烏爹土，又名胥實，考之其實，〔六〕檳榔汁也。貿易之貨，用五色紬緞、〔七〕青緞、荳蔻、大小水罐、蘇木之屬。

校勘記

〔一〕國與班支尼那接境　「與」，校釋本作「居」，文淵四庫本同，島夷誌略校注作「中」，藤田云：「『中』疑『與』之譌。」校釋本校勘記云：「國居　『居』丁本作『君』，彭本、龍本作『中』。案：居與中皆得視爲『與』之譌。」今改爲「與」。

〔二〕山如瓜匏　「匏」，據文淵四庫本作「瓠」。

〔三〕繫絲布　「布」，校釋本無，據文淵四庫本增。

〔四〕彷彿生像　「彷彿」，文淵四庫本作「宛然」。

〔五〕胡椒亞於希苓淡邈　「希」，校釋本作「郗」，文淵四庫本作「希」，又島夷誌略「東淡邈」條有「希苓」，據文淵四庫本改。

〔六〕考之其實　「考」，校釋本作「失」，據文淵四庫本改。

〔七〕用五色紬緞　「紬」，文淵四庫本作「細」。

81 萬里石塘

石塘之骨，由潮州而生，迤邐如長蛇，橫亘海中，越海諸國。〔一〕俗云「萬里石塘」，以余推之，豈止萬里而已哉！舶由玳嶼門掛四帆，〔二〕乘風破浪，海上若飛，至西洋或百日之外，以一日一夜行百里計之，萬里曾不足。故源其地脈，歷歷可考。一脈至爪哇，一脈至勃泥及古里地悶，一脈至西洋，極崑崙之地。〔三〕蓋紫陽朱子謂海外之地與中原地脈相連者，其以是歟！觀夫海洋，泛無涯涘，中匿石塘，孰得而明之？避之則吉，遇之則凶，故子午針人之命脈所係。苟非舟子之精明，能不覆且溺乎？〔四〕吁！得意之地勿再往，豈可以風濤爲徑路也哉！

校勘記

〔一〕越海諸國　循諸文意，似當作「越諸海國」。

〔二〕舶由玳嶼門掛四帆　「玳嶼」，島夷誌略校注同，藤田云：「『嶼』，知服齋本作『璵』，今據丁本改。『玳嶼』殆是『岱嶼』，在泉州海口。夢粱録『江海船艦』條云：『商賈若有出洋，即從泉州港口至岱嶼門，便可放洋過海，泛往外國也。』」「玳嶼」，校釋本作「岱嶼」，其校勘记云：「岱嶼門　『岱』原作『玳』，丁本、彭本、龍本同，『嶼』，彭本、龍本作『璵』，夢粱録、泉州府志皆作『岱嶼』，今依改。」文淵四庫本作「玳嶼」。按「岱嶼」蓋出自列子湯問所載海中五仙山之一「岱輿」（楊伯峻列子集釋卷五湯問篇，中華書局，一九九一年，第一五一頁），地名流變，文字異寫本是常見現象，由「岱輿」而「岱嶼」，由「岱嶼」而「玳嶼」，並非無稽。今據文淵四庫本、文津四庫本改回作「玳嶼」。

〔三〕極崑崙之地　「極」，校釋本作「遐」，據文淵四庫本改。沈曾植改「遐」爲「達」。藤田云：「『遐』，沈本作『達』，殆

『假』之譌也。」校釋本校勘記云：「遐崑崙　丁本、彭本、龍本同，沈氏本『遐』作『遠』，藤田云『遐』殆『假』之譌。」校釋本注釋關於「遐崑崙」、「假崑崙」另有解釋，以爲「假崑崙」爲一地名。查島夷誌略廣證作「達」而非「遠」。沈氏改「遐」爲「達」，想必是考慮到文意之緣故，「達崑崙」與前一句「至西洋」正相應。作「遐」、作「假」理解均有難處，作「極」爲動詞理解似乎可通，故據文淵四庫本改。

〔四〕能不覆且溺乎　「乎」，文淵四庫本作「矣」。

82 小唄喃

地與都攔礁相近。厥土黑墳，本宜穀麥。居民懶事耕作，歲藉烏爹運米供給。或風信到遲，〔一〕馬船已去，貨載不滿，風信或逆，〔二〕不得過喃啞哩洋，且防高浪阜中鹵股石之厄，所以此地駐冬，候下年八、九月馬船復來，移船回古里佛互市。風俗、男女、衣著，與古里佛同。有村主，無酋長。

地產胡椒、椰子、檳榔、溜魚。貿易之貨，用金銀、〔三〕青白花器、八丹布、五色緞、鐵器之屬。

校勘記

〔一〕或風信到遲　「信」，校釋本作「迅」，據文淵四庫本改。

〔二〕風信或逆　「信」，校釋本作「迅」，據文淵四庫本改。
〔三〕用金銀　「銀」，文淵四庫本作「錢」。

83　古里佛

當巨海之要衝，去僧加剌密邇，亦西洋諸番之馬頭也。山横而田瘠，宜種麥，每歲藉烏爹米至。行者讓路，道不拾遺，俗稍近古。其法至坦，〔一〕盜一牛，酋以牛頭爲準，失主仍以犯人家産籍没而戮之。官場居深山中，海濱爲市，以通貿易。

地産胡椒，亞於下里，人間居有倉廩貯之，〔二〕每播荷三百七十五斤，税收十分之二。〔三〕次加張葉、皮桑布、薔薇水、〔四〕波羅蜜、〔五〕孩兒茶。其珊瑚、珍珠、〔六〕乳香諸等貨，〔七〕皆由甘埋里、佛朗來也。〔八〕去貨與小唄喃國同。蓄好馬，〔九〕自西極來，故以舶載至此國，每疋互易，動金錢千百，或至四十千爲率，否則番人議其國空乏也。

校勘記

〔一〕其法至坦　「坦」，島夷誌略校注作「謹」，藤田云：「『謹』，丁本作『坦』。」校釋本亦作「謹」，其校勘記云：「其法至謹　『謹』原作『垣』，丁本作『坦』，彭本空一格，龍本作『謹』，今從之。」查文津四庫本、彭本均作「垣」，文淵四庫本作「坦」。又查龍本作「謹」，島夷誌略廣證作「垣」，廣證係在龍本基礎上所作箋注，稿本今存，確係「垣」字，或係沈氏改字。按龍本出自彭本，「垣」蓋誤字，「謹」蓋龍本據文意而改。循「古里佛」條此處文意，爲嚴厲執法，似不得稱爲「謹」。而作「坦」亦可通。元刻本老子鬳齋口義注釋老子勇於敢章：「勇於敢則殺，勇於不敢則活。此兩者或利或害，天之所惡，孰知其故？是以聖人猶難之。天之道不争而善勝，不言而善應，不召而自來，坦然而善謀，天網恢恢，疏而不失。」其注云：「天惟不争，而萬物莫得而勝之；天惟不言，而自有感應之理。陰陽之往來，不待人召之而自至。坦然，簡易也。乾以易知，坤以簡能，即坦然善謀之意也。」（林希逸老子鬳齋口義卷下，續修四庫全書第九五四册，第三九七頁）「古里佛」條「其法至坦」之「坦」，正可作「坦然簡易」解。今據文淵四庫本改作「坦」。

〔二〕人間居有倉廩貯之　島夷誌略廣證作「人間俱有倉廩貯之」，其稿本係在龍本「人閒居有倉廩貯之」基礎上改「居」爲「俱」。島夷誌略校注作「人間居有倉廩貯之」，藤田云：「『居』疑『俱』之譌。星槎勝覽云：『地産胡椒，亞於下里，俱有倉廩貯之。』」校釋本作「人間俱有倉廩貯之」，其校勘記云：「俱有倉廩貯之　『俱』原作『居』，丁本、彭本、龍本同，星槎勝覽天一閣本作『俱』，今從之。『廩』原作『禀』，他本均作『廩』，今依改。」文淵四庫本作「人間居有倉廩貯之」。按星槎勝覽文意豁然，島夷誌略此處多出「人間」二字則難解。或係居民房屋間或有專門儲存胡椒之倉廩之意，今仍依文淵四庫本、文津四庫本、彭本作「人間居有倉廩貯之」。

〔三〕税收十分之二　文淵四庫本句末有「以下」二字。

〔四〕薔薇水　「薔薇」，校釋本作「薇薔」，據文淵四庫本乙。

〔五〕波蘿蜜　「蘿」，文淵四庫本作「羅」。

〔六〕珍珠　「珍」，文淵四庫本作「真」。

〔七〕乳香諸等貨　「諸等」，文淵四庫本、文津四庫本等均同。藤田云：「『諸等』二字倒置。」

〔八〕皆由甘埋里佛朗來也　「甘埋里」，校釋本作「甘理」，文淵四庫本同。藤田云：「『甘埋』之『埋』，知服齋本作『理』。但此書有『甘埋里』專條，則『理』之譌可知。」校釋本校勘記云：「甘理　丁本、龍本同，彭本『理』作『里』。」校釋本注釋中引及藤田之説，然並不取此説，而以爲「甘理」另有其地。按島夷誌略「甘埋里」條載：「所有木香、琥珀之類地産，自佛朗國來，商販於西洋互易。」此處之西洋即古里佛，所載與此條可以互證。今改「甘理」爲「甘埋里」。

〔九〕蓄好馬　「蓄」，文淵四庫本作「畜」。藤田云：「『蓄好』二字倒置。明一統志引島夷志云：『好蓄馬。』」校釋本校勘記云：「蓄好馬　丁本、彭本、龍本同，寰宇通志引島夷志作『好蓄馬』。」

84　朋加剌

五嶺崔嵬，樹林拔萃，民環而居之。〔一〕歲以耕植爲業，〔二〕故野無曠土，田疇極美。一歲凡三收穀，〔三〕百物皆廉，即古忻都州府也。氣候常熱。風俗最爲淳厚。男女以細布纏頭，穿長衫。官税以十分中取其二焉。其國鑄銀錢名唐加，〔四〕每個二錢八分重，〔五〕流通使用。互易趴子一萬一千五百二十有餘，〔六〕以權小錢便民，良有益也。

產苾布、高你布、兜羅錦、〔七〕翠羽。貿易之貨，用南北絲、五色絹緞、丁香、荳蔻、青白花器、白纓之屬。

茲番所以民安物泰者，平日農力有以致之。〔八〕是故原防菅茅之地，民墾闢種植不倦，犁鐮勞苦之役，〔九〕因天之時而分地利，國富俗厚，可以軼舊港而邁闍婆云。

校勘記

〔一〕民環而居之　「環」，校釋本作「聚」，文淵四庫本作「環」。校釋本校勘記云其底本作「環」，丁本、彭本、龍本同，據寰宇通志引島夷志作「聚」而改。按島夷誌略「萬年港」條云「民環而居」，「巴南巴西」條云「環居數十里」，今據文淵四庫本等仍作「環」。此條先稱「五嶺崔嵬，樹林拔萃」，再稱「民環而居之」，即指環山嶺而居。

〔二〕歲以耕植爲業　「植」，校釋本作「殖」，文淵四庫本作「植」。參之此條後文有「種植不倦」，今據文淵四庫本改。

〔三〕一歲凡三收穀　「穀」，校釋本作「谷」，據文淵四庫本改。

〔四〕其國鑄銀錢名唐加　「其」，校釋本無，據文淵四庫本增。

〔五〕每個二錢八分重　島夷誌略校注作「每個錢八分重」，藤田云：「『每個』下殆奪『二』字。明一統志引島夷志云：『國鑄銀錢曰唐加，每錢重二錢八分，以權小錢。』（下略）」校釋本校勘記云：「每個二錢八分重　原作『每歲錢八分重』，丁本、彭本同，龍本作『每個錢八分重』，寰宇通志引島夷志作『每錢二錢八分重』，今依龍本改『每歲』爲『每個』，又依寰宇通志於『錢』上增『二』字。」文淵四庫本作「每錢八分重」。又按島夷誌略「烏爹」條云「每個銀錢重二錢八分」，則此條當作「每個二錢八分重」。藤田、蘇繼廎校勘意見可取。

〔六〕互易䀿子一萬一千五百二十有餘　「一千」，文淵四庫本無。校釋本校勘記云其底本及丁本、彭本、龍本均無，而藤田引此書「烏爹」條有「易䀿子計一萬一千五百二十有餘」，故據補。

〔七〕兜羅錦　「錦」，文淵四庫本作「綿」。

〔八〕兹番所以民安物泰者平日農力有以致之　「者平日」，校釋本作「皆曰平」，據文淵四庫本改。

〔九〕犁鐮勞苦之役　「鐮勞苦」，校釋本作「無再勞」，據文淵四庫本改。前文爲「民墾闢種植不倦」，則犁鐮時常使用，不得爲「犁無再勞之役」。

85 巴南巴西

國居大響山之南，環居數十里。土瘠，宜種荳。〔一〕氣候乍涼。俗尚澆薄。男女體小而形黑，眼圓耳長，手垂過膝。身披絲絨單被。凡民間女子，其形窋於加切。䁖，若加切。自七歲，父母以歌舞教之，身摺疊而圓轉，變態百出，粗有可觀。倘適他國呈其藝術，則予以小錢爲賞。

地産細綿布，舶人以錫易之。

校勘記

〔一〕宜種荳　「荳」，校釋本作「豆」，據文淵四庫本改。

86 放拜

居巴隘亂石之間，渡橋出入。周圍無田，平曠皆陸地，宜種麥。氣候常暖。風俗質樸。男女面長，目反白，容黑如漆，編髮爲繩，穿斜紋木綿長衫。煮海爲鹽，煅鵝卵石爲炭以代炊。有酋長。地産絶細布匹，闊七尺，〔一〕長丈餘，〔二〕大檳榔，爲諸番之冠。貨用金、貝八子、紅白燒珠之屬。

校勘記

〔一〕闊七尺 「闊」，文淵四庫本作「濶」。

〔二〕長丈餘 「丈」，校釋本作「有」，據文淵四庫本改。

87 大烏爹

國近巴南之地，界西洋之中峰。〔一〕山多鹵股，田雜沙土，有黑歲，〔二〕宜種荳。〔三〕氣候常熱。俗尚淳。男女身修長。女生髭，穿細布，繫紅絹捎。〔四〕女善戰，〔五〕使標鎗，〔六〕批竹矢，毒於蛇，别國人極畏之。〔七〕仍以金錢兼巩子使用。〔八〕煮海爲鹽，以逡巡法釀酒。有酋長。

地産布匹、猫兒眼睛、鵶鶻石、翠羽。貿易之貨，用白銅、鼓板、五色緞、金銀、鐵器之屬。國以巩子、金錢流通使用，所以便民也。成周之世，用錢幣，漢武造皮幣，鑄白銀，無非子母相權而已。如西洋諸番國，鑄爲大小金錢使用，與中國銅錢異，雖無其幣以兼之，得非法古之道者歟！

校勘記

〔一〕界西洋之中峰　「界」，文淵四庫本作「介」。

〔二〕有黑嵗　「黑嵗」，不易理解。藤田云：「『黑嵗』二字，疑有譌誤。」校釋本作地名處理。島夷誌略「小唄喃」條云「厥土黑墳，本宜穀麥」，按「黑墳」語出尚書禹貢載兖州：「厥土黑墳，厥草惟繇。」（孔穎達等尚書正義卷六夏書禹貢，續修四庫全書第四一册影國家圖書館藏兩浙東路茶鹽司刻本，第五八九頁）此處「黑嵗」或爲「黑墳」之譌。

〔三〕宜種荳　「荳」，校釋本作「豆」，據文淵四庫本改。

〔四〕繫紅絹捎　「捎」，文淵四庫本作「梢」。

〔五〕女善戰　「女」，疑當作「男」，前已言及「女生髭」云云。

〔六〕使標鎗　「標」，文淵四庫本作「摽」。

〔七〕別國人極畏之　「別」，文淵四庫本作「他」。

〔八〕仍以金錢兼𧴩子使用　島夷誌略校注作「仍以金錢魚兼𧴩子使用」，藤田云：「此衍『魚』字。」此處文字，校釋本作「仍以金錢魚兼𧴩子使用」，文淵四庫本同。校釋本校勘記云：「金錢魚兼𧴩子使用　丁本、彭本、龍本同，藤田云，『魚』字衍。」然校釋本未説明藤田之説是否可取。按魚乾可作爲貨幣使用（米爾頓・弗里德曼貨幣的禍害：貨幣史片段，商務印書館，二〇〇六年，第十七頁），島夷誌略「北溜」條記地産魚乾，故而似乎無需將「魚」作衍文看待。不過，此處文字還需與後文「國以𧴩子、金錢流通使用，所以便民也」一並考慮。此段文字，則不及「魚」。按島夷誌略「朋加剌」條載：「其國鑄銀錢名唐加，每個二錢八分重，流通使用。互易𧴩子一萬一千五百二十有餘，以權小錢便民，良有益也。」則所謂「便民」乃指如𧴩子一般低價值貨幣。如此看來，「金錢」作爲貨幣，並不在「便民」之列，因而又疑此處「金錢魚」當爲一物，而後文則脱「魚」字。然而更進一步，慮及「魚」、「羔」字形接近，則此句仍將「魚」作爲衍文看待最爲便當。「金錢兼𧴩子使用」，與「朋加剌」條所載一致。而後文則可理解爲「便民」係對金錢、𧴩兩種貨幣中的後者而言。

88 萬年港

淩門正灣爲之引從，彷彿相望。中間長闊二十餘丈，〔一〕其深無底，魚龍之淵藪也。旁有山如氏，民環而居。〔二〕田寬地窄，宜穀、麥。氣候常熱。俗樸。男女椎髻，繫青布捎。〔三〕煮海爲鹽，釀蔗漿爲酒。有酋長。

地産降真條、木綿、黄蠟。貿易之貨，用鐵條、銅線、土印花布、瓦瓶之屬。

校勘記

〔一〕中間長闊二十餘丈　「闊」，文淵四庫本作「濶」。

〔二〕旁有山如氏民環而居　島夷誌略校注作「旁有山如民環而居」，藤田云：「『民』，知服齋本作『氏』，今據丁本改。『如』下殆奪字。」查丁本作「氏」，藤田誤引。校釋本作「旁有山如氏環而居」校勘記云：「丁本、彭本、龍本同。藤田云，『如』下有奪字。案：『氏』疑作『阺』，謂陵也，其下殆奪『民』字。」文淵四庫本作「旁有山如氏民環而居」，今據之。此處「氏」蓋即「底」，通「砥」，即磨刀石，形容山頂平坦。詩經小雅大東云「周道如砥」，孟子引作「周道如底」。（朱熹四書章句集注孟子集注卷十萬章章句下，中華書局，一九八九年，第三一三頁）此「底」字又寫作「氐」。

〔三〕繫青布捎　「捎」，文淵四庫本作「梢」。

89 馬八兒嶼

控西北之隅，居加將門之右。瀕山而居。土鹹，田沃饒，〔一〕歲倍收。氣候熱。俗淫。男女散髮，以椰葉蔽羞，不事緝織。鑿井。煮海爲鹽，釀椰漿爲酒。無酋長。地産翠羽、細布，大羊百有餘斤，穀米價廉。貿易之貨，用沙金、〔二〕青緞、白礬、紅緑焇

珠之屬。〔三〕

次曰拔忽，〔四〕曰里達那，曰骨里傍，曰安其，曰伽忽，皆屬此國之節制焉。

校勘記

〔一〕土鹹田沃饒　「土鹹」，何以能夠「田沃饒」？「鹹」字或有誤。

〔二〕用沙金　「沙」，文淵四庫本作「砂」。

〔三〕紅綠焇珠之屬　「焇」，文淵四庫本作「燒」。

〔四〕次曰拔忽　「拔忽」，文淵四庫本同。藤田云：「丁本作『勿拔拔』。」校釋本校勘記云：「彭本、龍本同，丁本作『拔忽忽』。」查丁本作「忽拔拔」，則島夷誌略校注、島夷誌略校釋二書所引皆誤。又查補抄文瀾四庫本作「拔忽」。

90 阿思里

極西南達里國之地。〔一〕無山林之限，風起則飛沙撲面，人不敢行，居人編竹以蔽之。氣候熱，半年之間多不見雨。掘井而飲，深至二三百丈，味甘而美。其地防原，宜種麥，或潮水至原下，則其地土潤，〔二〕麥苗自秀。俗惡。男女編髮，以牛毛爲繩，接髮梢至齊膝爲奇，以鳥羽爲衣。擣麥作餅爲食。〔三〕民不善煮海爲鹽。

地產大綿布、小布匹。貿易之貨，用銀、鐵器、青燒珠之屬。

校勘記

〔一〕極西南達里國之地　島夷誌略校注、校釋本作「極西南達國里之地」，文淵四庫本同。藤田云：「『撻吉那』條云『國居達里之地』，此句疑『國居西南達里之地』之誤也。」校釋本未出校勘記，其注釋云：「藤田云，本書撻吉那條有達里之名，疑此條『達國里』爲『達里國』之倒置。〔楠案：藤田原注爲『此句疑「國居西南達里之地」之誤』。〕案：撻吉那條之達里，鄙意以其爲 Tauris 之對音，指波斯國，由其大都會大不里士(Tabriz)一名轉成，詳撻吉那條注。至於本條首句『極西南達國里之地』八字，其『達』字似作動詞解爲是。」按阿思里前後諸地均爲最西部的地方，如前面的馬八兒嶼稱之「控西北之隅」，後面的哩伽塔稱之「國居遼西之界」，因此此處之「極西南」亦當理解爲描述此地位置，並非西南方向的盡頭可以到達「國里」。島夷誌略多見相對地理位置的描述，所用詞彙，有「居」，有「界」，有「與」，有「去」，有「近」，不見用「達」。又「撻吉那」條稱「國居達里之地，即古之西域」，地名稱作「達里」，又屬西域。綜合考慮，將此處「達國里」暫且調整爲「達里國」。

〔二〕則其地土潤　「土」，校釋本作「上」，據文淵四庫本改。

〔三〕擣麥作餅爲食　「作」，文淵四庫本作「做」。

91 哩伽塔

國居遼西之界，乃國王海之濱。田瘠，宜種黍。民疊板石爲居，掘地丈有餘深，以藏種子，雖三載亦不朽也。氣候秋熱而夏涼。俗尚樸。男女瘦長，其形古怪，髮長二寸而不見長。穿布桶衣，繫皂布捎。〔一〕煮海爲鹽，釀黍爲酒，以牛乳爲食。

地産青琅玕珊瑚樹，其樹或長一丈有餘，或七八尺許，圍一尺有餘。秋冬民間皆用船採取，以横木繫破網及紗線於其上，仍以索縛木兩頭，人於船上牽以拖之，則其樹槎牙掛挽而上。貿易之貨，用金銀、五色緞、巫崙布之屬。

校勘記

〔一〕繫皂布捎　「捎」，文淵四庫本作「梢」。

92 天堂

地多曠漠，即古筠冲之地，又名爲西域。風景融和，四時之春也。田沃稻饒，居民樂業。雲南有路可通，一年之上可至其地。西洋亦有路通。名爲天堂。有回回曆，與中國授時曆前後只争三日，其選日永無差異。氣候暖。風俗好善。男女辮髮，穿細布長衫，〔一〕繫細布捎。〔二〕

地産西馬，高八尺許，人多以馬乳拌飯爲食，則人肥美。貿易之貨，用銀、五色緞、青白花器、鐵鼎之屬。

校勘記

〔一〕穿細布長衫　「長」，文淵四庫本作「布」。

〔二〕繫細布捎　「捎」，文淵四庫本作「梢」。

93 天竺

居大食之東，隸秦王之主。去海二百餘里，地平沃。氣候不齊。俗有古風。男女身長七尺，小目長項。手帕繫額，編髮垂耳，穿細布長衫，〔一〕藤皮織鞋，以綿紗結襪，仍將穿之，示其執禮也。不善煮海爲鹽，食仰他國。民間以金錢流通使用。有酋長。

地產沙金、駿馬。貿易之貨，用銀、青白花器、斗錫、酒、色印布之屬。

校勘記

〔一〕穿細布長衫　「細」，文淵四庫本作「百」，或爲「白」字之譌。

94 層拔羅〔一〕

國居大食之西南。崖無林。地多滷，〔二〕田瘠穀少，〔三〕故多種薯以代糧食。每貨販於其地者，若有穀米與之交易，其利甚溥。氣候不齊。俗古直。男女挽髮，穿無縫短裙。民事網罟，取禽獸爲食。煮海爲鹽，釀蔗漿爲酒。有酋長。

地産紅檀、紫蔗、象齒、龍涎、生金、鴨嘴膽礬。貿易之貨，用牙箱、花銀、五色緞之屬。

校勘記

〔一〕層拔羅　「拔」，校釋本作「摇」，文淵四庫本同。校釋本校勘記引沈曾植説「摇」當作「拔」，又引藤田以爲沈説是，但未改。今改。

〔二〕地多滷　「滷」，校釋本作「淳」，文淵四庫本同。島夷誌略校注作「渲」，藤田云：「沈本作『滷』，是也。」校釋本校勘記云：「地多淳　丁本、彭本、龍本同，沈本『淳』作『滷』。」按島夷誌略多見「俗淳」、「風俗淳」一類用詞，而關於地，不見用「淳」，今據沈本改爲「滷」。「淳」又寫作「渲」，沈曾植所用知服齋叢書本即如此，「渲」與「滷」形近。

〔三〕田瘠穀少　「穀」，校釋本作「谷」，據文淵四庫本改。

95 馬魯澗

國與遐邇沙喃之後山接壤。民樂業而富。週迴廣一萬八千餘里，西洋國悉臣屬焉。有酋長，元臨漳人，陳其姓也。幼能讀書，長練兵事，國初領兵鎮甘州，遂入此國討境不復返。兹地産馬，故多馬軍，動侵番國以兵凡若干萬。歲以正月三日，則建高壇以受兵賀。所至之地，即成聚落一所。民間互易，而卒無擾攘之患，蓋以刑法之重如此。觀其威逼諸番，嚴行賞罰，亦豪酋中之表表者乎。〔一〕

校勘記

〔一〕亦豪酋中之表表者乎　「豪酋」，文淵四庫本作「酋豪」。

96 甘埋里

國居西南馮之地，〔一〕與佛朗相近。〔二〕乘風張帆，二月可至小唄喃。其地造舟爲馬船，〔三〕大於商舶，不使釘灰，用椰索板成片。〔四〕每舶二三層，用板横棧，滲漏不勝，梢人日夜輪戽水不使竭。〔五〕下以乳香壓重，上載馬數百匹，頭小尾輕，鹿身吊肚，四蹄削鐵，高七尺許，日夜可行千里。

所有木香、琥珀之類地産，〔六〕自佛朗國來，〔七〕商販於西洋互易。去貨丁香、荳蔻、青緞、麝香、紅色燒珠、蘇杭色緞、蘇木、青白花器、甆瓶、〔八〕鐵條，以胡椒載而返。椒之所以貴者，皆因此船運去不多，〔九〕商舶之取，〔十〕十不及其一焉。

校勘記

〔一〕國居西南馮之地　島夷誌略校注作「國居西南馮之地」，藤田云：「『馮』，沈本作『洋』，不知所據。」校釋本作「其國邇南馮之地」，其校勘記云：「丁本同，彭本、龍本作『國居南馮之地』。〔楠案：龍本、藤田校注本『南馮』上均有『西』字。〕」文淵四庫本前闕三字，後作「南馮之地」。可知一作「其國邇南馮之地」（文津四庫本，以及出自此本之丁本），一作「國居西南馮之地」（彭本，以及出自此本之龍本），似乎難以選擇，校釋本亦未説明理由。查島夷誌略關於各國位置的描述，多用「國居」字樣，見於「特番里」條、「下里」條、「沙里八丹」條、「大八丹」條、「撻吉那」條、「須文那」條、「巴南巴西」條、「哩伽塔」條、「層拔羅」條，用「邇」字則不見，循此，今取「國居西南馮之地」。不過「西南馮」作爲地理名詞很難理解，沈曾植改「馮」爲「洋」雖然無甚根據，但是仍不失爲一種有效的解釋。按島夷誌略全書多以相對的方位名詞來表示相對的地理位置關係，有時還會用位於某一方位區域的名詞指稱某地的位置，如「特番里」條稱「國居西南角」，「曼陀郎」條稱「國界西北隅」，「馬八兒嶼」條稱「控西北之隅」，此條之「西南馮」或爲「西南隅」之譌，「馮」、「隅」二字字形尚比較接近。

〔二〕與佛朗相近　「朗」，文淵四庫本作「郎」。

〔三〕其地造舟爲馬船　島夷誌略校注同，藤田云：「『造舟』二字，丁本作『船名』。」校釋本作「其地船名爲馬船」，其校勘記云：「丁本同，彭本、龍本作『其地造舟爲馬船』。」文淵四庫本作「其□□□爲馬船」，中闕三字。可知一作「其地船名爲馬船」（文津四庫本，以及出自此本之丁本），一作「其地造舟爲馬船」（彭本，以及出自此本之龍本）。甘埋里船均名爲「馬船」，似不可能，馬船體型大，專用於運輸馬匹，且緊接着出現了「商舶」，今取「其地造舟爲馬船」。

〔四〕用椰索板成片　藤田云：「『成片』二字疑倒。」

〔五〕梢人日夜輪戽水不使竭　「梢」，文淵四庫本作「稍」。「使」，文淵四庫本作「枯」。

〔六〕所有木香琥珀之類地産　「地」，校釋本作「均」，據文淵四庫本改。

〔七〕自佛朗國來　「朗」，文淵四庫本作「郎」。

〔八〕甆瓶　「甆」，校釋本作「瓷」，彭本、文淵四庫本均作「甆」。按諸本中多作「磁」或「甆」，少見「瓷」，今仍改作「甆」。

〔九〕皆因此船運去不多　「不」，校釋本作「尤」，文淵四庫本同。運回胡椒多則不應貴，此處作「尤」於文意不能理解，作「不」則文意豁然，因改。按「尤」、「不」二字字形接近。

〔十〕商舶之取　校釋本作「較商舶之取」，文淵四庫本同。藤田云：「『較』字疑衍。」甚是。無「較」字，則商船所運胡椒不足馬船所運十分之一，而前文云馬船運載胡椒回去不多，故而胡椒價高。今刪「較」字。

97 麻呵斯離

去大食國八千餘里，與鯨板奴國相近。由海通溪，約二百餘里。石道崎嶇，至官場三百餘里。地平如席。氣候應節。風俗鄙儉。男女編髮，眼如銅鈴，穿長衫。煮海爲鹽，釀茭葉爲酒。〔一〕有酋長。

地産青鹽、馬乳葡萄、米、麥，其麥粒長半寸許。甘露每歲八、九月下，民間築淨池以盛之，旭日曝則融結如冰，味甚糖霜。仍以甆器貯之，〔二〕調湯而飲，以辟瘴癘。古云甘露王如來，即其地也。貿易之貨，用刺速斯離布、紫金、白銅、青琅玕、闍婆布之屬。

校勘記

〔一〕釀茭葉爲酒　「茭」，文淵四庫本作「老」。

〔二〕仍以甆器貯之　「甆」，校釋本作「瓷」，彭本、文淵四庫本均作「甆」。按諸本中多作「磁」或「甆」，少見「瓷」，今仍改作「甆」。

98　羅婆斯

國與麻加那之右山聯屬，奇峰磊磊，如天馬奔馳，形勢臨海。男女異形，〔一〕不織不衣，以鳥羽掩身。食無煙火，惟有茹毛飲血，〔二〕巢居穴處而已。雖然，飲食宮室，節宣之不可缺也；絲麻絺紵，寒暑之不可或違也，夫以洛南北之地，懸隔千里，尚有寒暑之殊，而況於窮海諸國者哉！〔三〕其地鐘湯之全，故民無衣服之備，陶然自適，以宇宙輪輿。宜乎茹飲不擇，巢穴不易，相與浮乎太古之天矣！〔四〕

校勘記

〔一〕男女異形　島夷誌略校注同，藤田云：「此四字丁本作『風俗野樸』。」校釋本作「風俗野樸」，其校勘記云：「丁本同，彭本、龍本作『男女異形』。」文淵四庫本此處闕四字。按文津四庫本蓋據文意補出，不如彭本，今據彭本改。

〔二〕惟有茹毛飲血　校釋本「茹」前有「如」字，當是衍文，文淵四庫本無，今删。

〔三〕而況於窮海諸國者哉　「窮海」，校釋本作「島夷」，其校勘記云：「島夷諸國　丁本同，彭本、龍本作『窮海諸國』。」文淵四庫本此處「而況於」後闕二字。按文津四庫本蓋據文意補出，不如彭本，今據彭本改。

〔四〕相與浮乎太古之天矣　「浮」，文淵四庫本作「游」。

99 烏爹

國因伽里之舊名也。山林益少，其地堰瀦而半曠。民專農業，田沃稼茂，既絶稂莠之害，〔一〕又無蝗蝻之災，歲凡三稔。諸物皆廉，道不拾遺，鄉里和睦，士尤尚義，俗厚民泰，各番之所不及也。氣候、男女，與朋加剌略同。稅收十分之一也。

地産大者，黑囦、〔二〕翠羽、黄蠟、木綿、細匹布。貿易之貨，用金銀、五色緞、白絲、丁香、荳蔻、茅香、青白花器、鼓瑟之屬。

每個銀錢重二錢八分，準中統鈔一十兩，易𧴩子計一萬一千五百二十有餘，折錢使用。以二百五十𧴩子糴一尖籮熟米，折官斗有一斗六升。每錢收𧴩子，可得四十六籮米，通計七十三斗六升，可供二人一歲之食有餘。故販其地者，十去九不還也。

夫以外夷而得知務農重穀，使國無遊民，故家給人足，歲無饑寒之憂。設之興行禮讓，〔三〕教以詩書禮樂，則與中國之風無間然矣，孰謂蠻貊之邦而不可行者哉！〔四〕

校勘記

〔一〕既絶稂莠之害　「絶」，校釋本作「無」；「稂」，校釋本作「糧」；「害」，校釋本作「雜」，均據文淵四庫本改。

〔二〕黑囦　「囦」，校釋本作「國」，島夷誌略「加將門里」條云「其土商每興販黑囦往朋加剌」，據改。又按「加將門里」條「囦」，文淵四庫本作「囦」。

〔三〕設之興行禮讓　「之」，校釋本作「知」，據文淵四庫本改。

〔四〕孰謂蠻貊之邦而不可行者哉　「哉」，文淵四庫本無。

100 異聞類聚

古有奇肱國之民，能爲飛車，從風遠行。見於博物誌矣。

次曰頓遜國，其人死，送於郭外，鳥食肉盡乃去，以火燒其骨，即沉於海中，謂之鳥葬。見於窮神秘苑矣。

次曰骨利國，晝長夜短，薄暮煮一羊，胛方熟，東方已曙。見於神異録矣。

次曰大食國，山樹花開如人首，不解語，人借問，惟頻笑，笑則雕落。見於酉陽雜俎矣。

次曰婆登國，種穀每月一熟。見於神異之記。

次曰繳濮國，人有尾，欲坐則先穴地以安之，誤折其尾則死。見於廣州之記。

次曰南方之産翁，獠婦娩子，壻擁衾抱雛，以護衛之。見於南楚之新聞。

次曰番禺縣民，失蔬圃，〔一〕盜之於百里之外，若浮筏乘流於海上，有縣宰爲之判狀。見於玉堂之閑話。

他如女人國，視井而生育；茶弼沙國，日入其地，聲震雷霆；至於南方縛婦成姻，多非禮聘；嶺南之好女，不事績織；〔二〕南海之貧窶，名爲指腹賣；〔三〕南中之師郎，擁婦而食肉：此又人物風俗之不同，録之以備採覽，故曰異聞類聚。

校勘記

〔一〕失蔬圃　「失」，文淵四庫本作「災」。「圃」，文淵四庫本作「園」。

〔二〕不事績織　「績」，文淵四庫本作「緝」。

〔三〕名爲指腹賣　「指腹」，文淵四庫本作「腹指」。

島夷誌後序

皇元混一聲教，無遠弗届，區宇之廣，曠古所未聞。海外島夷無慮數千國，莫不執玉貢琛，以修民職；梯山航海，以通互市。中國之往復商販於殊庭異域之中者，如東西州焉。大淵少年嘗附舶以浮於海，所過之地，竊嘗賦詩以記其山川、土俗、風景、物産之詭異，與夫可怪、可愕、可鄙、可笑之事，皆身所遊覽，耳目所親見，傳説之事則不載焉。至正己丑冬，大淵過泉南，適監郡偰侯命三山吴鑒明之續清源郡誌。顧以清源舶司所在，諸番輻輳之所，〔一〕宜記録不鄙，謂余知方外事，〔二〕屬島夷誌附於郡誌之後。非徒以廣士大夫之異聞，蓋以表國朝威德如是之大且遠也。

校勘記

〔一〕諸番輻輳之所　「番」，校釋本作「蕃」，文淵四庫本作「番」，按島夷誌略多称「他番」、「外番」、「各番」、「諸番」、某「番」等，據文淵四庫本改。

〔二〕謂余知方外事　「知方」，校釋本作「方知」，據文淵四庫本乙。

島夷誌略跋〔一〕

皇明嘉靖戊申五月望，〔二〕汝南郡。考島夷惟日本重文事，其髹漆、金器、刀紙、屏障最精，此誌不載，故及之。予於正德初年因本國使臣朝貢，〔三〕留寓姑蘇，其正使了庵年已八十八，詩札賡酬，〔四〕尚在陶齋。袁表識。〔五〕

校勘記

〔一〕島夷誌略跋　此跋校釋本作爲附録，稱「袁表島夷誌略跋」，文淵四庫本在汪大淵「島夷誌後序」之後，現仍改回。

〔二〕皇明嘉靖戊申五月望　「皇明」，校釋本無，據文淵四庫本增。

〔三〕予於正德初年因本國使臣朝貢　「因」，校釋本作「日」，據文淵四庫本改。作「日本」似乎成辭，實與「予於正德初年」不協。「本國」即指日本國。

〔四〕詩札賡酬　「賡」，文淵四庫本作「賡」。

〔五〕袁表識　「表」，丁本作「衺」。

附録一：明代以來有關島夷誌略著録題跋彙録

一、文淵閣書目

島夷志一册

（明）楊士奇等文淵閣書目卷十八來字號第一廚書目古今志雜志附，宋元明清書目題跋叢刊第四册明代卷第一册影清嘉慶四年顧修輯刊讀畫齋叢書本，中華書局，二〇〇六年，第一八二頁。按：永樂十九年南京文淵閣藏書運至北京新建文淵閣收藏，正統六年編成目録。萬曆時期重新清點所得内閣藏書目録則不載此書。

二、秘閣書目

島夷志一

（明）錢溥録秘閣書目古今通志，宋元明清書目題跋叢刊第四册明代卷第一册影國家圖書館藏清抄本，中華書局，二〇〇六年，第二七一頁。按：作者閲文淵閣藏書，抄録此目，成化二十二年自序。

三、晁氏寶文堂書目

島夷志

（明）晁瑮晁氏寶文堂書目卷下圖志，上海古籍出版社，二〇〇五年，第二〇〇頁。

四、四明天一閣藏書目録

島夷誌略一本　抄

（清）佚名四明天一閣藏書目録辰字號廚，叢書集成續編第六十八册影玉簡齋叢書本，上海書店，一九九五年，第六四頁。

五、菉竹堂書目

島夷志一册

（明）葉盛菉竹堂書目卷六古今通志，叢書集成初編本，第一二九頁。按：今傳本菉竹堂書目，多有學者認爲是僞書，抄録自文淵閣書目，參見李丹明代私家書目僞書考，古籍研究二〇〇七年卷上，安徽大學出版社，二〇〇七年。

六、近古堂書目

島夷志

（明）近古堂書目卷上地志類，叢書集成續編第六十八册影玉簡齋叢書本，上海書店，一九九五年，第五八四頁。按：近古堂書目，有學者認爲是僞書，參見李丹明代私家書目僞書考，古籍研究二〇〇七年卷上，安徽大學出版社，二〇〇七年。

七、玄賞齋書目

汪焕章島夷志

（明）董其昌玄賞齋書目卷三别志，宋元明清書目題跋叢刊第五册明代卷第二册影國家圖書館藏民國間張氏適園抄本，中華書局，二〇〇六年，第八五頁。按：玄賞齋書目，有學者認爲是僞書，係據近古堂書目等僞造，參見李丹、武秀成一部僞中之僞的明代私家書目——董其昌玄賞齋書目辨僞探，中國典籍與文化論叢第九輯，北京大學出版社，二〇〇七年。後題作一部僞中之僞的明代私家書目——董其昌玄賞齋書目辨僞，收入武秀成未名齋古典目録學考論，鳳凰出版社，二〇二三年，第三四一至四〇四頁；李丹明代私家書目僞書考，古籍研究二〇〇七年卷上，安徽大學出版社，二〇〇七年。

八、绛雲樓書目

（清）錢謙益絳雲樓書目卷一地志類，叢書集成初編本，第三三頁。

島夷志

九、也是園書目

（清）錢曾也是園書目卷三史部别志，叢書集成續編第六十八册影玉簡齋叢書本，上海書店，一九九五年，第六五〇頁。

汪焕章島夷志一卷

十、述古堂藏書目録

（清）錢曾述古堂藏書目録卷三史部别志，叢書集成初編本，第三五頁。

汪焕章島夷志一卷鈔

十一、讀書敏求記

汪煥章島夷志一卷

豫章汪煥章少負奇氣，負舶浮於海者數年始歸。書其目之所及，不下數十國，勒成一書，名島夷志。中一則云：「至順庚午冬十月十有二日，卸帆大佛山下，月明水清。水中見樹婆娑，意謂琅玕珊瑚之屬。命童子入水拔之，出水即堅如鐵，高僅盈尺，槎牙奇怪。枝有一蕊一花，天然紅色，既開者彷佛牡丹，半吐者類乎菡萏。舟人雀躍曰：『此謂瓊樹開花，海中稀有，千年始一遇耳。』攜歸，留於君子堂，虞邵庵賦詩志其異。」其所記奇詭，率多類此。

是書爲元人舊鈔本，至正年間河東張翥、吴鑒序之，咸謂其言可信不誣。鄒衍曰九州之外復有九州，煥章此志，悉前古所未聞。予醯雞也，無能發甕天之覆，聊存其書而已。

（清）錢曾讀書敏求記卷二史別志，丁瑜點校，書目文獻出版社，一九八四年，第六七頁。

十二、傳是樓書目

島夷誌略一卷 元汪煥章 一本

（清）徐乾學傳是樓書目卷六帝字五格蠻夷，續修四庫全書第九二〇册影清道光八年劉氏味經書屋鈔本，第九四六頁。

十三、知聖道齋書目

島夷誌略元汪大淵　一本

（清）彭元瑞知聖道齋書目卷二史部，叢書集成續編第六十八册影玉簡齋叢書本，上海書店，一九九五年，第九八六頁。

十四、元史藝文志

汪焕章島夷志略一卷字大淵，豫章人。

（清）錢大昕元史藝文志卷二史類地理類，清潛研堂全書本。

十五、浙江採集遺書總録

島夷誌略一册　寫本

右元豫章汪焕章撰。焕章浮海舶者數年始歸，因書其目之所及各島風土、物産，凡數十國。前有己丑三山吴鑒序。末有嘉靖戊申裘表跋。

（清）沈初等浙江採集遺書總録戊集，杜遜澤、何燦點校，上海古籍出版社，二〇一九年，第二九五頁。按：「裘表」之「裘」爲「袁」之誤。

十六、欽定續文獻通考

汪大淵島夷誌略一卷

大淵字焕章，南昌人。

欽定續文獻通考卷一七一經籍考史地理下元，景印文淵閣四庫全書第六三〇册，第三一一頁。

十七、欽定續通志

島夷誌略一卷元汪大淵撰。

（後注：以上見文淵閣著録。）

欽定續通志卷一五九藝文略史類第五下地理蠻夷，景印文淵閣四庫全書第三九四册，第五〇一頁。

十八、四庫全書簡明目録

島夷志略一卷

元汪大淵撰。大淵於至正中，嘗附海舶，經數十國。各紀其山川、道里、物産、民風，大半史所不載，即載者亦不及其親見之詳。（清）永瑢等四庫全書簡明目録，上海古籍出版社，一九八五年，第二九三至二九四頁。

十九、欽定四庫全書總目

島夷志略一卷浙江范懋柱家天一閣藏本

元汪大淵撰。大淵字焕章，南昌人。至正中，嘗附賈舶浮海越數十國，紀所聞見，成此書。今以明馬觀瀛涯勝覽互勘，如觀所稱占城之人頂三山金花冠，衣皆縈綵帨，産伽南香、觀音竹、降真香之屬；爪哇之厮村、沽灘、新村、蘇馬魯隘港口諸處，風俗各異，又其國人有三等，其土産有白芝蔴、緑豆、蘇木、金剛子、白檀、肉荳蔻、龜筒、玳瑁、紅緑鸚鵡之屬；舊港有火雞、神鹿之屬：皆爲此書所未載。又所載真臘風土記亦僅十之四五。蓋殊方絶域，偶一維舟，斷不能周覽無遺。所見各殊，則所記各别，不足異也。至云爪哇即古闍婆，考明史，明太祖時爪哇、闍婆二國並來貢，其二國國王之名亦不同，大淵併而爲一，則傳聞之誤矣。然諸史外國列傳，秉筆之人皆未嘗身歷其地，即趙汝适諸蕃志之類，亦多得於市舶之口傳。大淵此書則皆親歷而手記之，究非空談無徵者比。故所記羅衛、羅斛、針路諸國，大半爲史所不載。又於諸國山川、險要、方域、疆里，一一記述。即載於史者亦不及所言之詳，録之亦足資考證也。考黄虞稷千頃堂書目及焦竑國史經籍志皆不載是書，唯錢曾讀書敏求記載之，稱爲元人舊鈔本，則此書久無刊板，傳播殊稀。又稱至正年間河東張翥、三山吴鑒爲之序，今考此本，二人之序俱存。然吴鑒序乃有二篇，前一篇題至正己丑，乃此書原序；後一篇題至正十一年，在前序後二年，乃所作清源續志之序，誤入此書。蓋吴鑒修志之時，以泉州爲海道所通、賈船所聚，因附刊此書於志末，摘録者併志序鈔之也。又有嘉靖戊申袁袠跋，頗議其漏載日本，蓋未悉大淵此書惟紀所見，非海國全志云。

（清）紀昀、陸錫熊、孫士毅等著，四庫全書研究所整理欽定四庫全書總目（整理本）卷七一史部二十七地理類四，中華書局，一九九七年，第九七七頁。按：以乾隆五十五年武英殿刻本爲底本。「羅斛」，整理本誤作「羅艟」，據武英殿本改。

二十、文淵閣四庫全書(提要)

詳校官監察御史臣李陽棫
編修臣程嘉謨覆勘
總校官知縣臣楊懋珩
校對官主事臣陳墉
謄録監生臣劉本立
臣等謹案：島夷志略一卷，元汪大淵撰。大淵字焕章，南昌人。至正中，嘗附賈舶浮海越數十國，紀所聞見，成此書。今以明馬觀瀛涯勝覽互勘，如觀所稱占城之人頂三山金花冠，衣皆縈綵帨，産伽南香、觀音竹、降真香之屬；爪哇之厮村、沽灘、新村、蘇馬魯隘港口諸處，風俗各異，又其國人有三等，其土産有白芝蔴、緑豆、蘇木、金剛子、白檀、肉荳蔻、龜筒、玳瑁、紅緑鸚鵡之屬；舊港有火雞、神鹿之屬：皆爲此書所未載。又所載真臘物産，較元周達真臘風土記亦僅十之四五。蓋殊方絶域，偶一維舟，斷不能周覽無遺。所見各殊，則所記各别，不足異也。至云爪哇即古闍婆，考明史，明太祖時爪哇、闍婆二國並來貢，其二國國王之名亦不同，大淵併而爲一，則傳聞之誤矣。然諸史外國列傳，秉筆之人皆未嘗身歷其地，即趙汝适諸蕃志之類，亦多得於市舶之口傳。大淵此書則皆親歷而手記之，究非空談無徵者比。故所記羅衛、羅斛、針路諸國，大半爲史所不載。又於諸國山川、險要、方域、疆里，一一記述。即載於史者，亦不及所言之詳，録之亦足資考證也。考黄虞稷千頃堂書目及焦竑國史經籍志皆不載是書，唯錢曾讀書敏求記載之，稱爲元人舊鈔本，則此書久無刊板，傳播殊稀。又稱至正年間河東張翥、三山吴鑒爲之序，今考此本，二人之序俱存。然吴鑒序乃有二篇，前一篇題至正己丑，乃此書原序；後一篇題至正十一年，在前序後二年，乃所作清源續志之序誤入此書。蓋吴鑒修志之時，以泉州爲海道所通，賈舶所聚，因附刊此書於志末，摘録者併志序鈔之也。又有嘉靖戊申袁表跋，頗議其漏載日本，蓋未悉大淵此書惟紀所見，非海國全志云。乾隆四十六年九月恭校上。

總纂官臣紀昀臣陸錫熊臣孫士毅

總校官臣陸費墀

景印文淵閣四庫全書第五九四册，臺北商務印書館，第七一至七二頁。

二十一、文溯閣四庫全書（提要）

臣等謹案：島夷誌略一卷，元汪大淵撰。大淵字焕章，南昌人。至正中，嘗附賈舶浮海越數十國，紀所聞見，成此書。今以明馬觀瀛涯勝覽互勘，如觀所稱占城之人頂三山金花冠，衣皆縈綵帨，産伽南香、觀音竹、降真香之屬；爪哇之厮村、沽灘、新村、蘇馬魯隘港口諸處，風俗各異，又其國人有三等，其土産有白芝蔴、緑豆、蘇木、金剛子、白檀、肉荳蔻、龜筒、玳瑁、紅緑鸚鵡之屬；舊港有火雞、神鹿之屬：皆爲此書所未載。又所載真臘物産，較元周達觀真臘風土記亦僅十之四五。蓋殊方絶域，偶一維舟，斷不能周覽無遺。所見各殊，則所記各别，不足異也。至云爪哇即古闍婆，考明史，明太祖時爪哇、闍婆二國並來貢，其二國國王之名亦不同，大淵併而爲一，則傳聞之誤矣。然諸史外國列傳，秉筆之人皆未嘗身歷其地，即趙汝适諸蕃志之類，亦多得於市舶之口傳。大淵此書則皆親歷而手記之，究非空談無徵者比。故所記羅衛、羅斛、針路諸國，大半爲史所不載。又於諸國山川、險要、方域、疆里，一一記述。即載於史者，亦不及所言之詳，録之亦足資考證也。乾隆四十七年四月恭校上。

金毓黻等編文溯閣四庫全書提要卷四二史部十六地理類四，影一九三五年遼海書社排印本，中華書局，二〇一四年，第一三六九至一三七〇頁。

詳校官主事臣陳木

臣紀昀覆勘

總校官候補中允臣王燕緒

校對官中書臣王學海

謄録監生臣杜申

二十二、文津閣四庫全書(提要)

臣等謹案:島夷志略一卷,元汪大淵撰。大淵字焕章,南昌人。至正中,嘗附賈舶浮海越數十國,紀所聞見,成此書。今以明馬觀瀛涯勝覽互勘,如觀所稱占城之人頂三山金花冠,衣皆縈綵帨,産伽南香、觀音竹、降真香之屬;爪哇之厮村、沽灘、新村、蘇馬魯隘港口諸處,風俗各異,又其國人有三等,其土産有白芝蔴、緑豆、蘇木、金剛子、白檀、肉荳蔻、龜筒、玳瑁、紅緑鸚鵡之屬;舊港有火雞、神鹿之屬:皆爲此書所未載。又所載真臘物産,較元周達真臘風土記亦僅十之四五。蓋殊方絶域,偶一維舟,斷不能周覽無遺。所見各殊,則所記各别,不足異也。至云爪哇即古闍婆,考明史,明太祖時爪哇、闍婆二國並來貢,其二國國王之名亦不同,大淵并而爲一,則傳聞之誤矣。然諸史外國列傳,秉筆之人皆未嘗身歷其地,即趙汝适諸蕃志之類,亦多得於市舶之口傳。大淵此書則皆親歷而手記之，究非空談無徵者比。故所記羅衛、羅斛、針路諸國，大半爲史所不載。又於諸國山川、險要、方域、疆里，一一記述。即載於史者，亦不及所言之詳，録之亦足資考證也。考黄虞稷千頃堂書目及焦竑國史經籍志皆不載是書，唯錢曾讀書敏求記載之，稱爲元人舊鈔本，則此書久無刊版，傳播殊稀。又稱至正年間河東張翥、三山吴鑒爲之序，今考此本，二人之序倶存。然吴鑒序乃有二篇，前一篇題至正己丑，乃此書原序，後一篇題至正十一年，在前序後二年，乃所作清源續志之序，誤入此書。蓋吴鑒修志之時，以泉州爲海道所通，賈船所聚，因附刊此書於志末，摘録者并志序鈔之也。又有嘉靖戊申袁袠跋，頗議其漏載日本，蓋未悉大淵此書惟紀所見，非海國全志云。乾隆四十九年閏三月恭校上。

總纂官臣紀昀臣陸錫熊臣孫士毅

總校官臣陸費墀

文津閣四庫全書第五九四册，商務印書館，二〇〇七年，第五五七至五五八頁。

二十三、文瀾閣四庫全書（提要）

臣等謹案：島夷志略一卷，元汪大淵撰。大淵字焕章，南昌人。至正中，嘗附賈舶浮海越數十國，紀所聞見，成此書。今以明馬觀瀛涯勝覽互勘，如觀所稱占城之人頂三山金花冠，皆縈綵帨，産伽南香、觀音竹、降真香之屬；爪哇之厮村、沽灘、新村、蘇馬魯隘港口諸處，風俗各異，又其國人有三等，其土産有白芝蔴、緑豆、蘇木、金剛子、白檀、肉荳蔻、龜筒、玳瑁、紅緑鸚鵡之屬；舊港有火雞、神鹿之類：皆爲此書所未載。又所載真臘風土記亦僅十之四五。蓋殊方絶域，偶一維舟，斷不能周覽無遺。所見各殊，則所記各别，不足異也。至云爪哇即古闍婆，考明史，明太祖時爪哇、闍婆二國並來貢，其二國國王之名亦不同，大淵併而爲一，則傳聞之誤矣。然諸史外國列傳，秉筆之人皆未嘗身歷其地，即趙汝适諸蕃志之類，亦多得於市舶之口傳。大淵此書則皆親歷而手記之，究非空談無徵者比。故所記羅衛、羅斛、針路諸國，大半爲史所不載。又於諸國山川、險要、方域、疆里，一一記述。即載於史者，亦不及所言之詳，録之亦足資考證也。考黄虞稷千頃堂書目及焦竑國史經籍志皆不載是書，唯錢曾讀書敏求記載之，稱爲元人舊鈔本，則此書久無刊版，傳播殊稀。又稱至正年間河東張翥、三山吴鑒爲之序，考此本，二人之序俱存。然吴鑒序乃有二篇，前一篇題至正己丑，乃此書原序；後一篇題至正十一年，在前序後二年，乃所清源續志之序，誤入此書。蓋吴鑒修志之時，以泉州爲海道所通、賈船所聚，因附刊此書於志末，摘録者併志序鈔之也。又有嘉靖戊申袁袠跋，頗議其漏載日本，蓋未悉大淵此書惟紀所見，非海國全志云。乾隆　年　月恭校上。

總纂官臣紀昀臣陸錫熊臣孫士毅

總校官臣陸費墀

文瀾閣欽定四庫全書第六〇二册，杭州出版社，二〇一五年，第三六九至三七〇頁。

又載陳東輝主編文瀾閣四庫全書提要彙編第四册，杭州出版社，二〇一一年，第一五五至一五六頁。按：此爲光緒年間補抄之文瀾閣四庫全書。

二十四、文選樓藏書記

島夷誌略一册

元汪焕章著。豫章人。抄本。是書記海島各夷風土、物産。

（清）阮元文選樓藏書記卷三，王愛亭、趙嫄點校，上海古籍出版社，二〇一九年，第二八四頁。

二十五、愛日精廬藏書志

島夷誌略一卷文瀾閣傳鈔本

元汪大淵撰

九州環大瀛海，而中國曰赤縣神州，其外之州者復九，有裨海環之，人民禽獸莫能相通，如一區中者乃爲一州。此騶氏之言也，人多疑其荒唐誕誇。況當時外徼未通於中國，將何以徵驗其言哉。漢唐而後，於諸島夷力所可到，利所可到，班史傳固有其名矣。然考於見聞，多襲舊書，未有身遊目識而能詳記其實者，猶未盡徵之也。西江汪君焕章，當冠年，嘗兩附舶東西洋，所過輒采録其山川、風土、物産之詭異，居室、飲食、衣服之好尚，與貿易、賚用之所宜，非其親見不書，則信乎其可徵也。夫言海中自多鉅魚，若蛟龍鯨鯢之屬，羣出游，鼓濤鉅風，莫可名數，舟人燔雞毛以觸之，則遠游而没。一島嶼間，或廣袤數千里。島人浩穰，其君長所居，多明珠、麗玉、犀角、象牙、香木爲飾，橋梁或甃以金銀，若珊瑚、琅玕、玳瑁，人不以爲奇也。所言山有可觀，則騶衍皆不誕，焉知是誌之外，焕章之所未歷，不有瑰怪廣大又逾此爲國者歟！大抵一元之氣，充溢乎天地，其所能融結，爲人爲物。惟中國文明則得其正氣，環海於外，氣偏於物，而寒燠殊候，材質異賦，固其理也。今乃以耳目弗逮而盡疑之，可乎？莊周有言：「六合之外，聖人存而不論。」然博古君子求之異書，亦所不廢也。

泉修郡乘，既以是誌刊入之，焕章將歸，復刊諸西江，以廣其傳。故予序之。至正十年龍集庚寅二月朔日，翰林修撰河東張翥序。

中國之外，四州維海之外夷國以萬計，唯北海以風惡不可入，東、西、南數千萬里，皆得梯航以達其道路，象胥以譯其語言。惟有聖人在乎位，則相率而效朝貢，通互市，雖天際窮髮不毛之地，無不可道之理焉。世祖皇帝既平宋氏，始命正奉大夫、工部尚書、海外諸蕃宣慰使蒲師文，與其副孫勝夫、尤永賢等，通道外國，撫宣諸夷。獨爪哇負固不服，遂命平章高興、史弼等帥舟師以討定之。自時厥後，唐人之商販者，外蕃率待以命使臣之禮，故其國俗、土產、人物、奇怪之事，中土皆得而知，奇珍異寶，流布中外爲不少矣然。欲考求其故實，則熟事者多秘其説，鑿空者又不得其詳。唯象章汪君焕章，少負奇氣，爲司馬子長之遊，足跡幾半天下矣。又以海外之風土，國史未盡其藴，因附舶以浮於海者數年然後歸。其目所及，皆爲書以記之，較之五年舊語，大有徑庭矣。以君傳者，其言必可信，故附録清源續志之後。不惟使後之圖王會者有足徵，亦以見國家之懷柔百蠻蓋此道也。至正己丑冬十月又二望日，三山吴鑒序。

清源續志序曰：古有九邱之書，誌九州之土地所有風氣之宜，與三墳五典並傳。周列國皆有史，晉有乘輿，楚有檮杌，魯有春秋是也。孔子定書，以黜三墳；衍述職方，以代九邱；筆削春秋，以寓一王法；而乘輿、檮杌，遂廢不傳。及秦罷侯置守，廢列國史，漢馬遷作史記，闕牧守年月，不表郡國，記載浸無可考，學者病之。厥後江表、華陽有誌，汝潁之名士、襄陽之耆舊有傳，隋大業首命學士十八人著卜郡誌，凡以補史氏之闕遺也。閩文學始唐，至宋大盛，故家文獻，彬彬可考，時號海濱洙泗，蓋不誣矣。國朝混一區域，至元丙子，郡既内附，繼遭兵寇，郡城之外，莽爲戰區，雖值承平，未能盡復舊觀。清源前誌放失，後誌上於淳祐庚戌，逮今百有餘年。前政牧守，多文史武夫，急簿書期會，而不遑於典章文物。比年修宋、遼、金三史，詔郡國各上所録，而泉獨不能具，無以稱德意，有識愧焉。至正九年，朝以閩海憲使高昌偰侯來守泉，臨政之暇，考求圖誌，見是邦古今政治、沿革、風土、習尚，變遷不同，太平百年，譜牒猶有遺逸，及今不紀，後將無徵。遂分命儒生搜訪舊聞，隨邑編輯成書。鑒時寓泉，辱命與學士君子裁定删削爲清源續誌二十卷，以補清源故事。然故老凘患，新學淺於聞見，前朝遺事，蓋十具一二以傳焉。至正十一年暮春修禊日，三山吴鑒序。

（清）張金吾愛日精廬藏書志卷十七史部地理類外紀，續修四庫全書第九二五册影清光緒十三年吴縣靈芬閣集字版校印本，第三八六至三八八頁。

二十六、十万卷樓書目

島夷志略　抄本一本

王宗炎藏編十万卷樓書目　史部第二十二號，清代私家藏書目録題跋叢刊第二册影國家圖書館藏清宣統元年抄本，國家圖書館出版社，二〇一〇年，第一五〇頁。

二十七、皕宋樓藏書志

島夷誌略一卷文瀾閣傳抄本

元汪大淵撰。

九州環大瀛海，而中國曰赤縣神州，其外之州者復九，有裨海環之，人民禽獸莫能相通，如一區中者乃爲一州。此騶氏之言也。人多疑其荒唐誕誇。況當時外徼未通於中國，將何以徵驗其言哉！漢唐而後，於諸島夷力所可到，利所可到，班史傳固有其名矣。然考於見聞，多襲舊書，未有身遊目識而能詳記其實者，猶未盡徵之也。西江汪君焕章，當冠年，嘗兩附舶東西洋，所過輒采録其山川、風土、物産之詭異，居室、飲食、衣服之好尚，與貿易、賚用之所宜，非其親見不書，則信乎其可徵也。夫言海中自多鉅魚，若蛟龍鯨鯢之屬羣出游，鼓濤拒風，莫可名數，舟人燔雞毛以觸之，則遠游而没。一島嶼間，或廣袤數千里。島人浩穰，其君長所居，多明珠、麗玉、犀角、象牙、香木爲飾，橋梁或甃以金銀，若珊瑚、琅玕、玳瑁，人不以爲奇也。所言由有可觀，則騶衍皆不誕。焉知是誌之外，焕章之所未歷，不有瑰怪廣大又逾此爲國者歟！大抵一元之氣，充溢乎天地，其所能融結，爲人爲物。惟中國文明則得其正氣，環海於外，氣偏於物，而寒燠殊候，材質異賦，固其理也。今乃以耳目弗逮而盡疑之，可乎？莊周有言：「六合之外，聖人存而不論。」然博古君子求之異書，亦所不廢也。泉修郡乘，既以是誌刊入之。焕章將歸，復刊諸西江，以廣其傳，故予序之。至正十年龍集庚寅二月朔日，翰林修撰河東張翥序。

中國之外，四州維海之外夷國以萬計，唯北海以風惡不可入，東、西、南數千萬里，皆得梯航以達其道路，象胥以譯其語言。惟有聖人在乎位，則相率而效朝貢，通互市，雖天際窮髮不毛之地，無不可道之理焉。世祖皇帝既平宋氏，始命正奉大夫、工部尚書、海外諸蕃宣慰使蒲師文與其副孫勝夫、尤永賢等通道外國，撫宣諸夷。獨爪哇負固不服，遂命平章高興、史弼等帥舟師以討定之。自時厥後，唐人之商販者，外蕃率待以命使臣之禮，故其國俗、土産、人物、奇怪之事，中土皆得而知，奇珍異寶流布中外爲不少矣。然欲考求其故實，則熟事者多秘其説，鑿空者又不得其詳。唯豫章汪君焕章，少負奇氣，爲司馬子長之遊，足跡幾半天下矣。又以海外之風土，國史未盡其藴，因附舶以浮於海者數年然後歸。其目所及，皆爲書以記之，較之五年舊誌，大有徑庭矣。以君傳者其言必可信，故附録清源續志之後。不惟使後之圖王會者有足徵，亦以見國家之懷柔百蠻蓋此道也。至正己丑冬十月又二望日，三山吴鑑序。

清源續志序曰：古有九邱之書，誌九州之土地所有風氣之宜，與三墳五典並傳。周列國皆有史，晉有乘輿，楚有檮杌，魯有春秋是也。孔子定書，以黜三墳；衍述職方，以代九丘。筆削春秋，以寓一王法；而乘輿、檮杌，遂廢不傳。及秦罷侯置守，廢列國史，漢馬遷作史記，闕牧守年月，不表郡國，記載浸無可考，學者病之。厥後江表、華陽有誌，汝潁之名士、襄陽之耆舊有傳，隋大業首命學士十八人著十郡誌，凡以補史氏之闕遺也。閩文學始唐，至宋大盛，故家文獻，彬彬可考，時號海濱洙泗，蓋不誣矣。國朝混一區域，至元丙子，郡既内附，繼遭兵寇，郡城之外，莽爲戰區，雖值承平，未能盡復舊觀。清源前誌放失，後誌上於淳祐庚戌，逮今百有餘年。前政牧守多文史武夫，急簿書期會，而不遑於典章文物。比年修宋遼金三史，詔郡國各上所録，而泉獨不能具，無以稱德意，有識愧焉。至正九年，朝以閩海憲使高昌偰侯來守泉，臨政之暇，考求圖誌，見是邦古今政治、沿革、風土、習尚，變遷不同，太平百年，譜牒猶有遺逸，及今不紀，後將無徵。遂分命儒生，搜訪舊聞，隨邑編輯成書。鑒時寓泉，辱命與學士君子裁定刪削爲清源續誌二十卷，以補清源故事。然故老漸愚，新學淺於聞見，前朝遺事，蓋十具一二以傳焉。至正十一年暮春修禊日，三山吴鑒序。

（清）陸心源皕宋樓藏書志卷三十四史部地理類外紀，續修四庫全書第九二八册影清刻潛園總集本，第三八一至三八二頁。

二十八、海日樓群書題跋

知服齋叢書本島夷志略跋

此書思之有年，而不可得見，舊歲始得此新刻本，訛脱至甚，不能讀也。

案：此據上海圖書館藏光緒十八年（1892）知服齋叢書本島夷志略沈氏批注稿本，此跋當作於光緒十九年（1893）。

（清）沈曾植撰，許全勝、柳岳梅整理海日樓群書題跋卷二史部，載許全勝、柳岳梅整理海日樓書目題跋五種，中華書局，二〇一七年，第一八〇頁。

二十九、八千卷樓書目

島夷誌略一卷元汪大淵撰　抄本　知服齋刊本

（清）丁丙藏、丁仁編八千卷樓書目卷八史部地理類，續修四庫全書第九二一册影民國十二年錢塘丁氏聚珍仿宋鉛印本，第一八〇頁。

三十、八千卷樓藏書志

島夷誌略一卷抄本

元江大淵撰。

大淵字焕章，南昌人。至正中，嘗附賈舶浮海，越數十國，紀其所見所聞而成此書。至正庚寅翰林修撰河東張翥序稱「泉修郡乘，既以是誌刊入之。焕章復刊諸西江，以廣其傳」。三山吴鑒並爲序。後有嘉靖戊申袁袠跋。

（清）丁丙八千卷樓藏書志史部地理類，樂怡整理美國哈佛大學哈佛燕京圖書館藏稿鈔校本叢刊第六十四册，廣西師範大學出版社，二〇一六年，第二三〇頁。

三十一、善本書室藏書志

島夷誌略一卷鈔本

元江大淵撰。

大淵字焕章，南昌人。至正中，嘗附賈舶浮海，越數十國，紀其所見所聞而成此書。至正庚寅翰林修撰河東張翥序稱泉修郡乘，既以是誌刊入之。煥章復刊諸西江，以廣其傳。三山吴鑒並爲序。後有嘉靖戊申袁袠跋。

（清）丁丙善本書室藏書志卷十二史部十一下，續修四庫全書第九二七册影清光緒二十七年錢塘丁氏刻本，第三〇三頁。

三十二、增訂四庫簡明目録標注

島夷志略一卷。元汪大淵撰。

路有鈔本。總目云，無刊本。

〔續録〕知服齋叢書本。

（清）邵懿辰撰、邵章續録增訂四庫簡明目録標注卷七史部地理類中外雜記遊記之屬，上海古籍出版社，二〇〇〇年，第三二四頁。

三十三、壬子文瀾閣所存書目

島夷誌略一卷一册　補鈔

錢恂壬子文瀾閣所存書目卷二史部地理類外紀，民國十二年浙江公立圖書館刻本，第三四葉。

三十四、静嘉堂文庫漢籍分類目録

島夷誌略文瀾閣傳抄本　一卷　元汪大淵撰寫

静嘉堂文庫静嘉堂文庫漢籍分類目録史部地理類外紀，静嘉堂文庫，昭和五年，第三五〇頁。

三十五、自莊嚴龕善本書目

島夷志略一卷元汪大淵撰　清彭氏知聖道齋抄本　彭元瑞校　一册

冀淑英編自莊嚴龕善本書目史部地理類外紀，天津古籍出版社，一九八五年，第三五頁。

三十六、北京圖書館古籍善本書目

島夷志略一卷元汪大淵撰　清彭氏知聖道齋抄本　彭元瑞校　一册　十行二十四字白口四周雙邊

北京圖書館編北京圖書館古籍善本書目史部，書目文獻出版社，一九八七年，第八一六頁。

三十七、中國古籍善本書目

島夷志略一卷元汪大淵撰　清彭氏知聖道齋抄本　清彭元瑞校

中國古籍善本書目編輯委員會編中國古籍善本書目史部地理類二，上海古籍出版社，一九九三年，第一〇七四頁。

三十八、浙江圖書館古籍善本書目

島夷志略一卷　丁抄

浙江圖書館古籍部編浙江圖書館古籍善本書目附録三文瀾閣四庫全書一覽表史部地理類外紀之屬，浙江教育出版社，二〇〇二年，第九二七頁。

三十九、日藏漢籍善本書録

島夷志略一卷

（元）汪大淵編撰

文瀾閣傳寫本　共一册

静嘉堂文庫藏本　原陸心源十萬卷樓等舊藏

嚴紹璗編著日藏漢籍善本書録史部地理類外志邊防之屬，中華書局，二〇〇七年，第六四四頁。

附録二：明代文獻引用島夷誌彙録

一、寰宇通志

「暹羅國」条：風俗氣候不正，俗尚侵掠。煮海爲鹽，釀秫爲酒。男女椎髻，白布纏頭，被服長衫。每有謀議刑法輕重、錢穀出入之事，並決之婦人，其志量在男子上。以䝉子代錢流通。人死則灌水銀以養其身。俱島夷志。

「爪哇國」条：風俗（上略）其田膏腴，地平衍。穀米富饒，倍於他國。民不爲盜，道不拾遺。諺云「太平闍婆」者此也。俗樸。男女纏頭，被服長衫。俱島夷志。

「真臘國」条：風俗（上略）富貴真臘。島夷志：國有城，周圍七十餘里，殿宇三十餘所，頗爲壯麗。其國王及貴人所御之物，多飾以金璧。諺云「富貴真臘」者此也。俗尚華侈，田産富饒。男女椎髻。女滿十歲即嫁。以錦圍身，眉額施朱。俱島夷志。

「三佛齊國」条：風俗（上略）男女椎髻，穿青綿布衫，繫東沖布。喜潔淨，故於水上架屋。官兵服藥，刀兵不能傷。俱島夷志。

「浡泥國」条：風俗（上略）夏月稍冷，冬乃極熱。基宇宏敞，原田獲利。俗尚侈。

男女椎髻，以五采帛繫腰，花錦爲衫。煮海爲鹽，釀秫爲酒。有酋長，仍選其國能書算者一人掌文籍，計其出納，收税無纖毫之差。愛敬中國人，每見中國人醉，則扶之以歸。俱島夷志。

「蘇門答剌國」条：風俗田磽穀少。男女繫布縵，椎髻，繫紅布。其酋長人物修長，一日之間必三變色，或黑或青或赤。每歲必殺十餘人，取自然血浴之，則四時不生疾疹，故民皆畏服焉。俱島夷志。

「蘇禄國」条：風俗山塗田瘠，間種粟麥。民食沙糊、魚蝦、螺蛤。氣候半熱。俗鄙薄。男女斷髮，纏皂縵，繫小印布。煮海爲鹽，釀蔗漿爲酒，織竹布爲業。俱島夷志。

「彭亨國」条：風俗田沃，穀稍登。男女椎髻，衣長布衫，繫單衣。富家頸帶金圈數四，常人則以五色燒珠爲圈束之。煮海爲鹽，釀椰漿爲酒。俱島夷志。

「西洋古里國」条：風俗濱海爲市，以通貿易。行者讓路，道不拾遺。山横而田瘠，宜種麥。好蓄馬。俗稍近古。俱島夷志。

「榜葛剌國」条：風俗歲以耕殖爲業，野無曠土，田疇極美，一歲三收。氣候常熱。

風俗最爲淳厚。男女以細布纏頭，衣長衫。官税十取其二。民安物泰，國富俗厚。國鑄銀錢，名唐加，每錢重二錢八分，以權小錢。原防菅茅之地，民墾闢，種植不倦，無勞再之役。倶島夷志。

「天方國」条：風俗風景融和，四時皆春。田沃稻饒，居民樂業。俗好善。男女辮髮，衣細布衫，繫細布。有回回曆，與中國曆前後差三日。人多以馬乳拌飯，故其人肥美。倶島夷志。

「古里班卒國」条：風俗田瘠，穀少登。氣候不齊，夏則多雨多寒。俗質。男女被短髮，假錦纏頭，紅油布繫身。倶島夷志。

寰宇通志卷一一八外夷，玄覽堂叢書續集影明景泰初刊本。案：上引「古里班卒國」条「風俗」二字原無，係據其内容所補。

二、大明一統志

「暹羅國」条：風俗氣候不正，俗尚侵掠。煮海爲鹽，釀秫爲酒。男女椎髻。男女椎髻，白布纏頭，被服長衫。事決婦人。每有計議刑法輕重、錢穀出入之事，並決之婦人，其志量在男子上。貝子代錢，水銀灌屍。以貝子代錢流通。人死則灌水銀以養其身。已上倶島夷志。

「爪哇國」条：風俗（上略）民不爲盜。島夷志：其田膏腴，地平衍。穀米富饒，倍於他國。民不爲盜，道不拾遺。諺云「太平闍婆」者，此也。男女纏頭，被服長衫。同上。

「真臘國」条：風俗（上略）俗尚華侈。島夷志：國有城，週七十餘里，殿宇三十餘所，頗爲壯麗。其國王及貴人所御之物，多飾以金璧。俗尚華侈。田産富饒。男女椎髻。女滿十歲即嫁。以錦圍身，眉額施朱。諺云「富貴真臘」者，此也。

「三佛齊國」条：風俗（上略）水上架屋。島夷志：男女椎髻，穿青綿布衫，繫東沖布。喜潔淨，故於水上架屋。　官兵服藥，刀兵不能傷。同上。

「蘇門答剌國」条：風俗田磽穀少。島夷志。　男女繫布縵，椎髻，繫紅布。同上。　酋長殺人，取血浴身。同上。　其酋長人物修長，一日之間必三變色，或黑或青或赤。每歲必殺十餘人，取自然血浴之，則四時不生疾疹，故民皆畏服焉。

「蘇祿國」条：風俗民食沙糊、魚蝦、螺蛤。山涂田瘠，間植粟麥。民食沙糊、魚蝦、螺蛤。　氣候半熱。　短髪，纏皂縵。俗鄙薄。男女短髪，纏皂縵，繫小印布。　煮海爲鹽，釀蔗爲酒，織竹布爲業。以上俱島夷志。

「彭亨國」条：風俗田沃，穀稍登。島夷志。　男女椎髻。同上。男女椎髻，衣長布衫，繫單衣。富家頸帶金圈數四，常人則以五色燒珠爲圈束之。　煮海爲鹽，釀椰漿爲酒。同上。

「西洋古里國」条：風俗濱海爲市，以通貿易。　行者讓路，道不拾遺。　山横而田瘠，宜種麥。　好蓄馬。　俗稍近古。俱島夷志。

「榜葛剌國」条：風俗 耕殖爲業。歲以耕殖爲業，野無曠土，田疇極美，一歲三收。原防管茅之地，墾闢種植不倦，無勞再之役。 氣候常熱。 男女以細布纏頭，衣長衫。 官稅十取其二。 民安物泰，國富俗厚。 國鑄銀錢。國鑄銀錢，名唐加，每錢重二錢八分，以權小錢。以上俱島夷志。

「天方國」条：風俗 風景融和，四時皆春。 田沃稻饒，居民樂業。 男女辮髮。俗好善。男女辮髮，衣細布衫，繫細布。 有回回曆。與中國曆前後差三日。 馬乳拌飯。人多以馬乳拌飯，故其人肥美。以上俱島夷志。

「古里班卒國」条：風俗 田瘠，穀少登。 氣候不齊，夏則多雨多寒。 俗質。 男女被短髮，假錦纏頭，紅油布繫身。以上俱島夷志。

大明一統志卷九十，明天順內府刊本。

三、咸賓録

「蘇門答剌」條：論曰：蘇門答剌王日變三色，取血浴身。此島夷志所載也。

「引用諸書目録」：島夷志。

羅日褧咸賓録卷三西夷志、引用諸書目録，余思黎點校，中華書局，一九八三年，第八九、二三五頁。

四、東西洋考

「舊港」條：島夷志謂好潔淨，故於水上架屋，與此不同。

「啞齊」條：島夷志曰：酋長人物修長，一日之間必三變色，或黑或赤。每歲殺十餘人，取自然血浴之，則四時不生疾疹，故民畏服焉。

張燮東西洋考卷三西洋列國考、卷四西洋列國考，謝方點校，中華書局，一九八一年，第六〇、七〇頁。

附録三：島夷誌略内容綜合索引

説明：

一、附録三「島夷誌略内容綜合索引」之目的爲按照具體記載内容的不同，打破島夷誌略按照海外地方記載的基本框架，從記録者的視角入手，將以自然地理和人文地理爲主的方方面面的内容，分門别類重新編排，展現十三世紀上半葉的中國南海和印度洋海域世界的狀況。

二、並非按照名詞首字母或筆劃進行一般意義的索引，而是按照内容的不同進行排列，勉强稱之爲「内容綜合索引」。

三、在内容上突出海外地理、海外交通和海外貿易諸方面。

四、其中特别給予不同人群體貌特征和衣冠服飾記載的詳細分類，以便在一定程度上展示汪大淵作爲一位前近代「人類學家」的特質。

五、關於海外各地的物産以及貿易品，島夷誌略有系統的記録，是全書記録的重點和基本特色。對此，島夷誌略校釋附録三「域外物産貿易品名」已有全面的反映，但未能就物品本身進行分類。本索引只是選取部分海外貿易商品，並未全部列出。

六、本索引的基本格式是在事項之下以「○」起頭，列出島夷誌略原書條目地名，之後用圓括號將原書相應的文字括出，其中凡有節略之處則以「……」表示。

島夷誌略内容綜合索引目錄

一、自然地理

(一)洋

西洋

○龍牙門(舶往西洋，本番置之不問。回船之際，至吉利門，舶人須駕箭棚、張布幕、利器械以防之。賊舟二三百隻必然來，迎敵數日，若僥倖順風，或不遇之，否則人爲所戮，貨爲所有，則人死係乎頃刻之間也。)

○崑崙(古者崑崙山，又名軍屯山。山高而方，根盤幾百里，截然乎瀛海之中，與占城東西竺鼎峙而相望。下有崑崙洋，因是名也。舶販西洋者，必掠之，順風七晝夜可渡。諺云：「上有七州，下有崑崙，針迷舵失，人船孰存？」)

○北溜(舶往西洋，過僧加剌傍，潮流迅急，更值風逆，輒漂此國。)

○萬里石塘(舶由玳嶼門掛四帆,乘風破浪,海上若飛,至西洋或百日之外,以一日一夜行百里計之,萬里曾不足。)

○古里佛(當巨海之要衝,去僧加剌密邇,亦西洋諸番之馬頭也。)

○大烏爹(國近巴南之地,界西洋之中峰。……如西洋諸番國,鑄爲大小金錢使用,與中國銅錢異,雖無其幣以兼之,得非法古之道者歟?)

○馬魯澗(週迴廣一萬八千餘里,西洋國悉臣屬焉。)

西洋(古里佛)

○大八丹(國居西洋之後,名雀婆嶺,相望數百里。)

○万里石塘(石塘之骨,由潮州而生,迤邐如長蛇,橫亘海中,越海諸國。俗云「萬里石塘」,以余推之,豈止萬里而已哉!舶由玳嶼門掛四帆,乘風破浪,海上若飛,至西洋或百日之外,以一日一夜行百里計之,萬里曾不足。故源其地脈,歷歷可考。一脈至爪哇,一脈至勃泥及古里地悶,一脈至西洋,極崑崙之地。)

○天堂(西洋亦有路通。)

○甘埋里(所有木香、琥珀之類地產,自佛朗國來,商販於西洋互易。)

東洋

○爪哇（地廣人稠，實甲東洋諸番。）

○毗舍耶（僻居海東之一隅。……時常裹乾糧，棹小舟，過外番。伏荒山窮谷無人之境，遇捕魚採薪者，輒生擒以歸，鬻於他國，每一人易金二兩重。蓋彼國之人遞相倣傚，習以爲業。故東洋聞毗舍耶之名，皆畏避之也。）

小東洋

○尖山（自有宇宙，兹山盤據於小東洋，卓然如文筆插霄漢，雖懸隔數百里，望之儼然。）

崑崙洋

○崑崙（古者崑崙山，又名軍屯山。山高而方，根盤幾百里，截然乎瀛海之中，與占城東西竺鼎峙而相望。下有崑崙洋，因是名也。）

淡洋

○淡洋（港口通官場百有餘里，洋其外海也。内有大溪之水源，二千餘里，奔流衝合於海。其海面一流之水清淡，舶人經過，往往乏水，則必由此汲之，故名曰淡洋。過此以往，未見其海洋之水不鹹。取其水灌田，常熟。）

喃啞哩洋

○喃啞哩（地當喃啞哩洋之要衝，大波如山，動盪日月，望洋之際，疑若無地。）

○小唄喃（或風信到遲，馬船已去，貨載不滿，風信或逆，不得過喃啞哩洋，且防高浪阜中鹵股石之厄，所以此地駐冬，候下年八、九月馬船復來，移船回古里佛互市。）

（二）海

大朗洋

○第三港（去此港八十餘里，洋名大朗，蚌珠海内爲最富。）

國王海

○哩伽塔（國居遼西之界，乃國王海之濱。）

（三）港

淡港

○東沖古剌（巑嶭豐林，下臨淡港，外堞爲之限界。）

○都督岸（自海腰平原，津通淡港。）

○舊港（自淡港入彭家門，民以竹代舟，道多磚塔。）

第三港/新港

○第三港（古號馬淵，今名新港，口岸分南北，民結屋而居。……去此港八十餘里，洋名大朗，蚌珠海内爲最富。）

萬年港

○萬年港（凌門正灣爲之引從，彷佛相望。中間長闊二十餘丈，其深無底，魚龍之淵藪也。）

境港

○丁家盧（三角嶼對境港口，通其津要。）

其他諸港

○暹（自新門臺入港，外山崎嶇，内嶺深邃。）

○麻里嚕（小港迢遞，入於其地。）

○淡邈（小港去海口數里，山如鐵筆，迤邐如長蛇，民傍緣而居。）

○下里（國居小㖡喃、古里佛之中，又名小港口。）

（四）灣

急水灣

○急水灣（灣居巴緑嶼之下，其流奔騖。舶之時月遲延，兼以潮汐南北，人莫能測，舶洄漩於其中，則一月莫能出。）

（五）溪

凌門正灣

○萬年港（凌門正灣爲之引從，彷彿相望。中間長闊二十餘丈，其深無底，魚龍之淵藪也。）

並溪

○蘇洛鬲（洛山如關，並溪如帶，宜有聚落。）

益溪

○文老古（益溪通津，地勢卑窄。）

（六）山

翠麓山、重曼山、斧頭山、大崎山

○琉球（地勢盤穹，林木合抱。山曰翠麓，曰重曼，曰斧頭，曰大崎。）

大崎山

○琉球（地勢盤穹，林木合抱。山曰翠麓，曰重曼，曰斧頭，曰大崎。其大崎山極高峻，自彭湖望之甚近。余登此山，則觀海潮之消長，夜半則望暘谷之日出，紅光燭天，山頂爲之俱明。）

○三島（居大崎山之東，嶼分鼎峙。有疊山層巒，民傍緣居之。）

實加羅山

○羅衛（南真駱之南，實加羅山即故名也。）

洛山

○蘇洛鬲（洛山如關，並溪如帶，宜有聚落。）

尖山

○尖山（自有宇宙，兹山盤據於小東洋，卓然如文筆插霄漢，雖懸隔數百里，望之儼然。）

龍山

○涬泥（龍山礧磾於其右。）

門遮把逸山

○爪哇（門遮把逸山，係官場所居，宫室壯麗。）

渤山

○文誕（渤山高環，溪水若淡。）

石崎山

○蘇禄（其地以石崎山爲保障。）

崑崙山/軍屯山

○崑崙（古者崑崙山，又名軍屯山。山高而方，根盤幾百里，截然乎瀛海之中，與占城東西竺鼎峙而相望。）

靈山

○靈山（嶺峻而方，石泉下咽。）

大佛山

○高郎步（大佛山之下，灣環中縱横皆鹵股石。）

○大佛山（界於迓里、高郎步之間。）

具山

○加里那（國近具山。）

大奮山

○千里馬（北與大奮山截界。）

大響山

○巴南巴西（國居大響山之南，環居數十里。）

（七）嶺

雀婆嶺

○大八丹（國居西洋之後，名雀婆嶺，相望數百里。）

五嶺

○朋加剌（五嶺崔嵬，樹林拔萃，民環而居之。）

（八）島

三島

○三島（居大崎山之東，嶼分鼎峙。有疊山層巒，民傍緣居之。）

其他島

○彭湖（島分三十有六，巨細相間，坡隴相望。乃有七澳居其間，各得其名。）

○明家羅（故臨國之西，山有三島。中島桑香佛所居，珍寶盈前，人莫能取。一島虎豹蛇虺縱橫，人莫敢入。一島土中紅石，掘而取之，其色紅活，名鴉鶻也。）

○麻那里（界迷黎之東南，居垣角之絕島。）

（九）嶼

龍涎嶼

○龍涎嶼（嶼方而平，延袤荒野，上如雲塢之盤，絶無田産之利。每值天清氣和，風作浪湧，群龍游戲，出没海濱，時吐涎沫於其嶼之上，故以得名。）

三角嶼

○丁家盧（三角嶼對境港口，通其津要。）

巴綠嶼

○急水灣（灣居巴綠嶼之下，其流奔鶩。）

馬八兒嶼

○馬八兒嶼（控西北之隅，居加將門之右。）

（十）礁

都攔礁

○小唄喃（地與都攔礁相近。）

（十一）門

彭家門

○舊港（自淡港入彭家門，民以竹代舟，道多磚塔。）

龍牙門

○龍牙門（門似單馬錫番兩山相交若龍牙狀，中有水道以間之。）

吉利門

○龍牙門（舶往西洋，本番置之不問。回船之際，至吉利門，舶人須駕箭棚、張布幕、利器械以防之。賊舟二三百隻必然來，迎敵數日，若僥倖順風，或不遇之，否則人爲所戮，貨爲所有，則人死係乎頃刻之間也。）

玳嶼門

○萬里石塘（石塘之骨，由潮州而生，迤邐如長蛇，横亘海中，越海諸國。俗云「萬里石塘」，以余推之，豈止萬里而已哉！舶由玳嶼門掛四帆，乘風破浪，海上若飛，至西洋或百日之外，以一日一夜行百里計之，萬里曾不足。）

加將門

○馬八兒嶼（控西北之隅，居加將門之右。）

（十二）石

土骨/石骨

○賓童龍（賓童龍隸占城，土骨與占城相連，有雙溪以間之。）

○万里石塘（石塘之骨，由潮州而生，迤邐如長蛇，橫亘海中，越海諸國。俗云「萬里石塘」，以余推之，豈止萬里而已哉！舶由玳嶼門掛四帆，乘風破浪，海上若飛，至西洋或百日之外，以一日一夜行百里計之，萬里曾不足。故源其地脈，歷歷可考。一脈至爪哇，一脈至勃泥及古里地悶，一脈至西洋，極崑崙之地。）

鹵股石

○麻里嚕（山隆而水多鹵股石，林少。）

○針路（則山多鹵股。）

○高郎步（大佛山之下，灣環中縱橫皆鹵股石。）

○小唄喃（或風信到遲，馬船已去，貨載不滿，風信或逆，不得過喃呸哩洋，且防高浪阜中鹵股石之厄，所以此地駐冬，候下年八、九月馬船復來，移船回古里佛互市。）

○大烏爹（山多鹵股，田雜沙土。）

石槎牙

○北溜(地勢居下,千嶼萬島。舶往西洋,過僧加剌傍,潮流迅急,更值風逆,輒漂此國。候次年夏東南風,舶仍出溜。水中有石槎牙,利如鋒刃,蓋已不完舟矣。)

二、關聯地名

(一)相對位置地名

無枝拔、闍麻羅華

○無枝拔(在闍麻羅華之東南,石山對峙。)

占城、賓童龍

○賓童龍(賓童龍隸占城,土骨與占城相連,有雙溪以間之。……田土、人物、風俗、氣候,與占城略同。)

丹馬令、沙里、佛來安

○丹馬令(地與沙里、佛來安爲鄰國。)

羅衛、南真駱

○羅衛(南真駱之南,實加羅山即故名也。)

針路、馬軍山、麻來墳

○針路（自馬軍山水路，由麻來墳至此地。）

嘯噴、監毗、吉陀

○嘯噴（繇監毗、吉陀以東，其山陂延袤數千里。）

暹、單馬錫

○暹（近年以七十餘艘來侵單馬錫，攻打城池，一月不下。本處閉關而守，不敢與爭。）

重迦羅（重加羅）、杜瓶、爪哇、古里地悶

○重迦羅（杜瓶之東曰重迦羅，與爪哇界相接。）

○古里地悶（居重加羅之東北。）

龍牙門、班卒、三佛齊

○班卒（地勢連龍牙門後山，若纏若斷，起凹峰而盤結，故民環居焉。）

○三佛齊（自龍牙門去五晝夜至其國。）

○龍牙門（門似單馬錫番兩山相交若龍牙狀，中有水道以間之。……船往西洋，本番置之不問。回船之際，至吉利門，舶人須駕箭棚、張布幕、利器械以防之。賊舟二三百隻必然來，迎敵數日，若僥倖順風，或不遇之，否則人爲所戮，貨爲所有，則人死係乎頃刻之間也。）

班達里、鬼屈波思國

○班達里（地與鬼屈波思國爲鄰。）

曼陀郎、播寧

○曼陀郎（國界西北隅，與播寧接壤。……二國勢均，不事侵伐，故累世結姻，頗有朱陳村之俗焉。蠻貊之所僅聞，他國之所未見者。）

下里、小唄喃、古里佛

○下里（國居小唄喃、古里佛之中，又名小港口。）

高郎步、大佛山、迓里

○高郎步（大佛山之下，灣環中縱橫皆鹵股石。）

○大佛山（界於迓里、高郎步之間。）

沙里八丹、古里佛、大八丹、土塔、第三港

○沙里八丹（國居古里佛山之後。）

○大八丹（國居西洋之後，名雀婆嶺，相望數百里。）

○土塔（居八丹之平原。）

○第三港（田土、氣候、風俗、男女與八丹同。）

東淡邈、皋捷、希苓

○東淡邈（皋捷相去有間，近希苓數日程。）

麻那里、迷黎

○麻那里（界迷黎之東南，居垣角之絶島。）

波斯離、西夏

○波斯離（境與西夏聯屬，地方五千餘里。）

撻吉那、達里

○撻吉那（國居達里之地，即古之西域。）

須文那、班支尼那

○須文那（國與班支尼那接境。）

小唄喃、古里佛、僧加剌

○小唄喃（或風信到遲，馬船已去，貨載不滿，風信或逆，不得過喃啞哩洋，且防高浪阜中鹵股石之厄，所以此地駐冬，候下年八、九月馬船復來，移船回古里佛互市。風俗、男女、衣著，與古里佛同。）

○古里佛（去貨與小唄喃國同。）

○古里佛（當巨海之要衝，去僧加剌密邇，亦西洋諸番之馬頭也。）

巴南巴西（巴南）、大烏爹

○大烏爹（國近巴南之地，界西洋之中峰。）

馬八兒嶼、加將門

○馬八兒嶼（控西北之隅，居加將門之右。）

阿思里、達里國

○阿思里（極西南達里國之地。）

大食、天竺、層拔羅、麻呵斯離、鯨板奴國

○天竺（居大食之東，隸秦王之主。）

○層拔羅（國居大食之西南。）

○麻呵斯離（去大食國八千餘里，與鯨板奴國相近。）

馬魯澗、遐邇沙喃

○馬魯澗（國與遐邇沙喃之後山接壤。）

甘埋里、南馮、佛朗

○甘埋里（國居西南馮之地，與佛朗相近。）

羅婆斯、麻加那

〇羅婆斯（國與麻加那之右山聯屬，奇峰磊磊，如天馬奔馳，形勢臨海。）

（二）其他共性地名

琉球、彭湖

〇琉球（俗與彭湖差異。）

彭坑、丁家盧

〇彭坑（風俗與丁家盧小異。男女椎髻，穿長布衫，繫單布捎。富貴女頂帶金圈數四，常人以五色焇珠爲圈以束之。凡講婚姻，互造换白銀五錢重爲准。）

〇丁家盧（風俗尚怪。男女椎髻，穿緑纈布短衫，繫遮里絹。刻木爲神，殺人血和酒祭之。每水旱疫癘，禱之立應；及婚姻病喪，則卜其吉凶，亦驗。）

八都馬、爪哇（闍婆）

〇八都馬（地産……胡椒，亞於闍婆。）

淡邈、八都馬

〇淡邈（地産胡椒，亞於八都馬。）

重迦羅、爪哇(闍婆)

○重迦羅(田土亞於闍婆。)

龍牙門、單馬錫

○龍牙門(門似單馬錫番兩山相交若龍牙狀,中有水道以間之。)

靈山、占城

○靈山(風俗、氣候、男女,與占城同。)

喃哑哩、單馬錫

○喃哑哩(俗尚劫掠,亞於單馬錫也。)

高郎步、僧加剌

○高郎步(地産紅石頭,與僧加剌同。)

東淡邈、爪哇(闍婆)

○東淡邈(地産胡椒,亞於闍婆。)

第三港、八丹

○第三港(田土、氣候、風俗、男女與八丹同。)

華羅、南毗

○華羅（以檀香、牛糞搽其額，以白細布纏頭，穿長衫，與今之南毗人少異而大同。）

須文那、希苓、淡邈

○須文那（地産絲布、胡椒，亞於希苓、淡邈。）

勃泥、古里地悶

○万里石塘（石塘之骨，由潮州而生，迤邐如長蛇，横亘海中，越海諸國。……一脈至勃泥及古里地悶。）

古里佛、下里

○古里佛（地産胡椒，亞於下里。）

朋加剌、烏爹

○朋加剌（其國鑄銀錢名唐加，每個二錢八分重，流通使用。互易𧴩子一萬一千五百二十有餘，以權小錢便民，良有益也。）

○烏爹（每個銀錢重二錢八分，準中統鈔一十兩，易𧴩子計一萬一千五百二十有餘，折錢使用。）

○烏爹（氣候、男女，與朋加剌略同。）

○北溜（地産椰子索、𧴩子、魚乾、大手巾布。海商每將一舶𧴩子下烏爹、朋加剌，必互易米一船有餘。蓋彼番以𧴩子權錢用，亦久遠之食法也。）

（三）敘述關聯地名

八都馬→淡邈（前後兩條）

○八都馬（地産象牙，重者百餘斤，輕者七八十斤。胡椒亞於闍婆。）

○淡邈（地産胡椒，亞於八都馬。）

爪哇→重迦羅（前後兩條）

○爪哇（爪哇即古闍婆國。）

○重迦羅（杜瓶之東曰重迦羅，與爪哇界相接。）

小唄喃→古里佛（前後兩條）

○小唄喃（或風信到遲，馬船已去，貨載不滿，風信或逆，不得過喃噬哩洋，且防高浪阜中鹵股石之厄，所以此地駐冬，候下年八、九月馬船復來，移船回古里佛互市。風俗、男女、衣著，與古里佛同。）

○古里佛（去貨與小唄喃國同。）

巴南巴西（巴南）→大烏爹（間隔一條）

○巴南巴西（國居大響山之南，環居數十里。）

○大烏爹（國近巴南之地，界西洋之中峰。）

（四）名稱關聯地名

沙里八丹（八丹）、大八丹

○沙里八丹（國居古里佛山之後。……地産八丹布。）

○大八丹（國居西洋之後，名雀婆嶺，相望數百里。）

○土塔（居八丹之平原，赤石圍繞，有土磚甃塔，高數丈。）

○第三港（田土、氣候、風俗、男女與八丹同。）

淡邈、東淡邈

○淡邈（小港去海口數里，山如鐵筆，迤邐如長蛇，民傍緣而居。）

○東淡邈（臯揵相去有間，近希苓數日程。）

烏爹、大烏爹

○大烏爹（國近巴南之地，界西洋之中峰。）

○烏爹（國因伽里之舊名也。）

（五）附見諸番地名

○賓童龍（次曰胡麻、沙曼、頭羅、沙犆、賓毗齊、新故、越州諸番，無所産，舶亦不至。）

○爪哇(次曰巫崙,曰希苓,曰三打板,曰吉丹,曰孫刺等。地無異産,故附此耳。)

○重迦羅(次曰諸番,相去約數日水程:曰孫陀,曰琵琶,曰丹重,曰員嶠,曰彭里。不事耕種,專尚寇掠。與吉陀、亞崎諸國相通交易,舶人所不及也。)

○馬八兒嶼(次曰拔忽,曰里達那,曰骨里傍,曰安其,曰伽忽,皆屬此國之節制焉。)

○羅斛(次曰彌勒佛,曰忽南圭,曰善司坂,曰蘇刺司坪,曰吉頓力。地無所産,用附於此。)

三、海上交通

(一)航線

○彭湖(自泉州順風二晝夜可至。)

○針路(自馬軍山水路,由麻來墳至此地。)

○三佛齊(自龍牙門去五晝夜至其國。)

○崑崙(古者崑崙山,又名軍屯山。山高而方,根盤幾百里,截然乎瀛海之中,與占城東西竺鼎峙而相望。下有崑崙洋,因是名也。舶販西洋者,必掠之,順風七晝夜可渡。諺云:「上有七州,下有崑崙,針迷舵失,人船孰存?」)

○古里佛(當巨海之要衝,去僧加刺密邇,亦西洋諸番之馬頭也。)

○天堂（雲南有路可通，一年之上可至其地。西洋亦有路通。）

○甘埋里（乘風張帆，二月可至小唄喃。）

○甘埋里（所有木香、琥珀之類地産，自佛朗國來，商販於西洋互易。）

（二）要衝

○占城（地據海衝，與新、舊州爲鄰。）

○古里佛（當巨海之要衝，去僧加剌密邇，亦西洋諸番之馬頭也。）

（三）船舶

造船法

○龍涎嶼（此地前代無人居之，間有他番之人，用完木鑿舟，駕使以拾之，轉鬻於他國。）

○蒲奔（以木板造舟，藤篾固之，以綿花塞縫底，甚柔軟，隨波上下，以木爲槳，未嘗見有損壞。）

馬船

○小唄喃（或風信到遲，馬船已去，貨載不滿，風信或逆，不得過喃哑哩洋，且防高浪阜中鹵股石之厄，所以此地駐冬，候下年八、九月馬船復來，移船回古里佛互市。）

○甘埋里（其地船名爲馬船，大於商舶，不使釘灰，用椰索板成片。每舶二三層，用板横棧，滲漏不勝，梢人日夜輪戽水不使竭。下以乳香壓重，上載馬數百匹，頭小尾輕，鹿身吊肚，四蹄削鐵，高七尺許，日夜可行千里。）

（四）航行條件

補充糧食淡水

○靈山（舶之往復此地，必汲水採薪以濟日用。）

○花面（舶經其地，不過貿易以供日用而已，餘無可興販也。）

○淡洋（港口通官場百有餘里，洋其外海也。內有大溪之水源，二千餘里，奔流衝合於海。其海面一流之水清淡，舶人經過，往往乏水，則必由此汲之，故名曰淡洋。過此以往，未見其海洋之水不鹹。）

候風

○北溜（地勢居下，千嶼萬島。舶往西洋，過僧加剌傍，潮流迅急，更值風逆，輒漂此國。候次年夏東南風，舶仍出溜。水中有石槎牙，利如鋒刃，蓋已不完舟矣。）

駐冬

○小唄喃（或風信到遲，馬船已去，貨載不滿，風信或逆，不得過喃啞哩洋，且防高浪阜中鹵股石之厄，所以此地駐冬，候下年八、九月馬船復來，移船回古里佛互市。）

（五）航行困難

失風

○急水灣（灣居巴緑嶼之下，其流奔騖。舶之時月遲延，兼以潮汐南北，人莫能測，舶洄漩於其中，則一月莫能出。昔有度元之舶，流寓在其中二十餘日，失風，針迷舵折，舶遂閣淺。人船貨物，俱各漂蕩。偶遺三人於礁上者，枵腹五日，又且斷舶往來，輒採礁上螺蚌食之。當此之時，命懸於天。忽一日大木二根，浮海而至礁旁，人抱其木，隨風飄至須門答剌之國，幸而免溺焉。）

○喃哑哩（夫以舶歷風濤，回經此國，幸而免於魚龍之厄，而又罹虎口，莫能逃之，其值風信之乖時使之然歟！）

○高郎步（舶人不幸失風，或駐閣於其地者，徒爲酋長之利。船中所有貨物，多至全璧而歸之，酋以爲天賜也，孰知舶人妻子饑寒之所望哉！）

○小唄喃（或風信到遲，馬船已去，貨載不滿，風信或逆，不得過喃哑哩洋，且防高浪阜中鹵股石之厄，所以此地駐冬，候下年八、九月馬船復來，移船回古里佛互市。）

暗礁

○北溜（地勢居下，千嶼萬島。舶往西洋，過僧加剌傍，潮流迅急，更值風逆，輒漂此國。候次年夏東南風，船仍出溜。水中有石槎牙，利如鋒刃，蓋已不完舟矣。）

○万里石塘（石塘之骨，由潮州而生，迤邐如長蛇，横亘海中，越海諸國。俗云「萬里石塘」，以余推之，豈止萬里而已哉！舶由玳嶼門掛四帆，乘風破浪，海上若飛，至西洋或百日之外，以一日一夜行百里計之，萬里曾不足。故源其地脈，歷歷可考。一脈至爪哇，一脈至勃泥及古里地悶，一脈至西洋，極崑崙之地。蓋紫陽朱子謂海外之地與中原地脈相連者，其以是歟！觀夫海洋，泛無涯涘，中匿石塘，孰得而明之？避之則吉，遇之則凶，故子午針人之命脈所係。苟非舟子之精明，能不覆且溺乎？吁！得意之地勿再往，豈可以風濤爲徑路也哉！）

○小唄喃（或風信到遲，馬船已去，貨載不滿，風信或逆，不得過喃哑哩洋，且防高浪阜中鹵股石之厄，所以此地駐冬，候下年八、九月馬船復來，移船回古里佛互市。）

劫掠

○龍牙門（舶往西洋，本番置之不問。回船之際，至吉利門，船人須駕箭棚、張布幕、利器械以防之。賊舟二三百隻必然來，迎敵數日，若僥倖順風，或不遇之，否則人爲所戮，貨爲所有，則人死係乎頃刻之間也。）

○喃哑哩（俗尚劫掠，亞於單馬錫也。）

（六）航海風俗

○靈山（舶至其所，則舶人齋沐三日，具什事，崇佛諷經，燃水燈，放彩船，以禳本舶之災，始度其下。）

四、貿易貨幣

（一）貿易

○麻逸（蠻賈議價，領去博易土貨，然後准價舶商，守信事終如始，不負約也。）

○嘯噴（每歲與打綱國相通，貿易通舶人。）

○明家羅（舶人興販，往往金銀與之貿易。）

○重迦羅（次曰諸番，相去約數日水程：曰孫陀，曰琵琶，曰丹重，曰員嶠，曰彭里。不事耕種，專尚寇掠。與吉陀、亞崎諸國相通交易，舶人所不及也。）

○蘇門傍（藉他番以足其食，賴商賈以資其國。）

○文老古（地每歲望唐舶販其地，往往以五枚雞雛出，必唐船一隻來；二雞雛出，必有二隻，以此占之，如響斯應。）

○龍牙門（蓋以山無美材，貢無異貨，以通泉州之貿易，皆剽竊之物也。）

○靈山(地産藤杖，輕小黑紋相對者爲冠，每條互易一花斗錫，粗大而紋疏者，一花斗錫互易三條。)

○沙里八丹(循海而居，珠貨之馬頭也。……地産八丹布、珍珠，由第三港來，皆物之所自産也。其地採珠，官抽畢，皆以小舟渡此國互易，富者用金銀以低價塌之。舶至，求售於唐人，其利豈淺鮮哉?)

○加里那(王國之亞波下，有石穴深邃。有白牛種，每歲逢春産白牛，仍有雌雄，酋長畜之，名官牛，聽其自然孳育於國。酋長以其繁衍，以之互市他國，得金十兩，厥後牛遂不産。)

○古里佛(官場居深山中，海濱爲市，以通貿易。……畜好馬，自西極來，故以舶載至此國，每疋互易，動金錢千百，或至四十千爲率，否則番人議其國空乏也。)

○朋加剌(官税以十分中取其二焉。)

○層拔羅(地多滷，田瘠穀少，故多種薯以代糧食。每貨販於其地者，若有穀米與之交易，其利甚溥。)

○甘埋里(所有木香、琥珀之類地産，自佛朗國來，商販於西洋互易。去貨丁香、荳蔻、青緞、麝香、紅色燒珠、蘇杭色緞、蘇木、青白花器、甆瓶、鐵條，以胡椒載而返。椒之所以貴者，皆因此船運去不多，較商舶之取，十不及其一焉。)

（二）官場

○交趾（舶人不販其地。惟偷販之舟止於斷山上下，不得至其官場，恐中國人窺見其國之虛實也。）

○爪哇（門遮把逸山，係官場所居，宫室壯麗。）

○淡洋（港口通官場百有餘里，洋其外海也。）

○特番里（官場深邃，前有石崖，當關以守之，後有石洞，周匝以居之。）

○古里佛（官場居深山中，海濱爲市，以通貿易。）

○麻呵斯離（由海通溪，約二百餘里。石道崎嶇，至官場三百餘里。）

（三）馬頭

○古里地悶（地謂之馬頭，凡十有二所。）

○沙里八丹（循海而居，珠貨之馬頭也。）

○古里佛（當巨海之要衝，去僧加剌密邇，亦西洋諸番之馬頭也。）

○沙里八丹（循海而居，珠貨之馬頭也。）

○古里佛（當巨海之要衝，去僧加剌密邇，亦西洋諸番之馬頭也。）

（四）進口糧食

○日麗（田雖平曠，春乾而夏雨，種植常違其時，故歲少稔，仰食於他國。）

○羅斛（其田平衍而多稼，暹人仰之。）

○暹（土瘠，不宜耕種，穀米歲仰羅斛。）

○蘇門傍（藉他番以足其食，賴商賈以資其國。）

○假里馬打（煮海爲鹽，以適他國易米，每鹽一斤易米一斗。）

○東西竺（田瘠，不宜耕種，歲仰淡洋米穀足食。）

○北溜（地産椰子索、𧴩子、魚乾、大手巾布。海商每將一舶𧴩子下烏爹、朋加剌，必互易米一船有餘。蓋彼番以𧴩子權錢用，亦久遠之食法也。）

○加將門里（其地堰瀦，田肥美，一歲三收穀。通商販於他國。）

○小唄喃（厥土黑墳，本宜穀麥。居民懶事耕作，歲籍烏爹運米供給。）

○古里佛（山横而田瘠，宜種麥，每歲藉烏爹米至。）

○天竺（不善煮海爲鹽，食仰他國。）

○層拔羅（地多滷，田瘠穀少，故多種薯以代糧食。每貨販於其地者，若有穀米與之交易，其利甚溥。）

○烏爹（每個銀錢重二錢八分，準中統鈔一十兩，易𧴩子計一萬一千五百二十有餘，折錢使用。以二百五十𧴩子糴一尖籮熟米，折官斗有一斗六升。每錢收𧴩子，可得四十六籮米，通計七十三斗六升，可供二人一歲之食有餘。故販其地者，十去九不還也。）

（五）重要商品

珍珠

○蘇禄（地産中等降真條、黄蠟、玳瑁、珍珠，較之沙里八丹、第三港等處所産，此蘇禄之珠，色青白而圓，其價甚昂。中國人首飾用之，其色不退，號爲絶品。有徑寸者，其出産之地，大者已值七八百餘錠，中者二三百錠，小者一二十錠。其餘小珠一萬上兩重者，或一千至三四百上兩重者，出於西洋之第三港，此地無之。）

○沙里八丹（循海而居，珠貨之馬頭也。……地産八丹布、珍珠，由第三港來，皆物之所自産也。其地採珠，官抽畢，皆以小舟渡此國互易，富者用金銀以低價塌之。舶至，求售於唐人，其利豈淺鮮哉？）

○第三港（去此港八十餘里，洋名大朗，蚌珠海内爲最富。採取之際，酋長殺人及十數牲祭海神。選日，集舟人採珠，每舟以五人爲率，二人蕩槳，二人收綆，其一人用圈竹匡其袋口，懸於頸上，仍用收綆，繫石於腰，放墜海底，以手爬珠蚌入袋中，遂執綆牽掣。其舟中之人收綆，人隨綆而上，才以珠蚌傾舟中。既滿載，則官場週回皆官兵守之。越數日，候其肉腐爛，則去其殼，以羅盛腐肉漩轉洗之，則肉去珠存。仍巨細篩閲，於十分中，官抽一半，以五分與舟人均分。非祭海神以取之，入水者多葬於鰐魚之腹。吁！得之良可憫也。船人幸當其取之歲，往往以金與之互易，歸則樂數倍之利，富可立致，特罕逢其時耳。）

○古里佛（其珊瑚、珍珠、乳香諸等貨，皆由甘埋里、佛朗來也。）

珊瑚

○大佛山（至順庚午冬十月十有二日，因卸帆於山下。是夜，月明如晝，海波不興，水清徹底。起而徘徊，俯窺水國，有樹婆娑。余指舟人而問：「此非青琅玕珊瑚樹者耶？」曰：「非也。」「此非月中娑羅樹影者耶？」曰：「亦非也。」乃命童子入水採之，則柔滑，拔之出水，則堅如鐵。把而玩之，高僅盈尺，則其樹槎牙盤結奇怪，枝有一花一蘂，紅色天然，既開者彷彿牡丹，半吐者類乎菡萏。舟人秉燭環堵而觀之，衆乃雀躍而笑曰：「此瓊樹開花也。誠海中之稀有，亦中國之異聞。余歷此四十餘年，未嘗有睹於此。君今得之，兹非千載而一遇者乎！」余次日作古體詩一首，以記其實。袖之以歸，豫章邵庵虞先生見而賦詩，迨今留於君子堂以傳玩焉。

○古里佛(其珊瑚、珍珠、乳香諸等貨,皆由甘埋里、佛朗來也。)

○哩伽塔(地産青琅玕珊瑚樹,其樹或長一丈有餘,或七八尺許,圍一尺有餘。秋冬民間皆用船採取,以横木繫破網及紗線於其上,仍以索縛木兩頭,人於船上牽以拖之,則其樹槎牙掛挽而上。)

胡椒

○八都馬(地産象牙,重者百餘斤,輕者七八十斤,胡椒亞於闍婆。)

○淡邈(地産胡椒,亞於八都馬。)

○爪哇(地産青鹽,係曬成。胡椒每歲萬斤。極細堅耐色印布、綿羊、鸚鵡之類。)

○下里(地産胡椒,冠於各番,不可勝計。椒木滿山,蔓衍如藤蘿,冬花而夏實。民採而蒸曝,以乾爲度。其味辛,採者多不禁其味之觸人,甚至以川芎煎湯解之。他番之有胡椒者,皆此國流波之餘也。)

○東淡邈(地産胡椒,亞於闍婆。)

○須文那(胡椒亞於希苓、淡邈。)

○小唄喃(地産胡椒。)

○古里佛(地産胡椒,亞於下里,人間居有倉廩貯之。每播荷三百七十五斤,税收十分之二。)

○甘埋里(所有木香、琥珀之類地產,自佛朗國來,商販於西洋互易。去貨丁香、荳蔻、青緞、麝香、紅色燒珠、蘇杭色緞、蘇木、青白花器、甆瓶、鐵條,以胡椒載而返。椒之所以貴者,皆因此船運去不多,較商舶之取,十不及其一焉。)

錫

○無枝拔(產花斗錫。)

○交趾(地產……錫。)

○民多朗(貨用……斗錫……之屬。)

○丹馬令(定婚用緞錦、白錫若干塊。……產上等白錫。)

○日麗(土產……錫。)

○彭坑(地產……花錫。)

○吉蘭丹(出花錫。)

○丁家盧(貨用……斗錫……之屬。)

○羅斛(貨用……錫。)

○暹(地產……花錫。)

○爪哇(使銅錢,俗以銀、錫、鍮、銅雜鑄如螺甲大,名爲銀錢,以權銅錢使用。)

○龍牙門(地産……斗錫。)

○靈山(地産藤杖,輕小黑紋相對者爲冠,每條互易一花斗錫,粗大而紋疏者,一花斗錫互易三條。)

○東西竺(貿易之貨,用花錫。)

○須文荅剌(土産……斗錫。)

○曼陀郎(貿易之貨,用……斗錫……之屬。)

○高郎步(貿易之貨,用……斗錫……之屬。)

○巴南巴西(地産細綿布,舶人以錫易之。)

○天竺(貿易之貨,用……斗錫……之屬。)

布

○三島(地産……花布。貿易之貨,用……小花印布。)

○麻逸(地産……花布。貿易之貨,用……五采紅布。)

○無枝拔(貿易之貨,用西洋布。)

○交趾(貿易之貨,用……青布。)

○占城（地産……打布。貨用……色布。）
○民多朗（貨用……闍婆布……青布。）
○賓童龍（貨用……印花布。）
○真臘（貨用……絲布之屬。）
○丹馬令（貿易之貨，用甘理布、紅布。）
○日麗（貿易之貨，用……花布……小印花布、五色布之屬。）
○麻里嚕（地産……竹布……貿易之貨，用……青布。）
○遐來勿（貿易之貨，用占城海南布……五色布。）
○彭坑（貿易之貨，用……闍婆布。）
○吉蘭丹（貨用塘頭市布、占城布。）
○丁家盧（貨用……占城布。）
○戎（貿易之貨，用……巫崙布之屬。）
○羅斛（貨用……花印布。）
○蘇洛鬲（貿易之貨，用……海南巫崙布。）
○針路（貿易之貨，用……花布……青布之屬。）

○八都馬(貿易之貨,用……絲布。)
○淡邈(貨用……西洋絲布。)
○尖山(地産……竹布。)
○八節那間(地産……花印布……貿易之貨,用……青絲布。)
○三佛齊(地産……木綿布……貿易之貨,用……絲布、花布。)
○暹(貿易之貨,用……青布。)
○爪哇(地産……極細堅耐色印布。)
○重迦羅(貿易之貨,用……諸色布。)
○都督岸(貿易之貨,用海南占城布。)
○文誕(貨用水綾絲布、花印布。)
○蘇禄(貿易之貨,用……八都剌布。)
○龍牙犀角(貿易之貨,用土印布、八都剌布。)
○蘇門傍(貿易之貨,用……巫崙布)。
○舊港(貿易之貨,用……五色布。)
○龍牙菩提(貿易之貨,用……青白土印布之屬。)

○班卒（貿易之貨，用絲布……土印布。）
○蒲奔（貿易之貨，用……海南布。）
○假里馬打（貿易之貨，用……闍婆布……八都剌布之屬。）
○文老古（貿易之貨，用……水綾絲布、巫崙八節那間布、土印布。）
○古里地悶（以……西洋絲布……爲之貿易也。）
○龍牙門（貿易之貨，用……花布。）
○花面（貨用……青布。）
○須文答剌（貿易之貨，用西洋絲布……青布。）
○勾欄山（貿易之貨，用……青布。）
○特番里（貿易之貨，用麻逸布……紅油布之屬。）
○曼陀郎（貿易之貨，用……五色布。）
○喃哑哩（貿易之貨，用……紅絲布。）
○北溜（地産……大手巾布。）
○高郎步（貿易之貨，用八丹布。）
○沙里八丹（地産八丹布。）

○金塔(地産大布手巾……貿易之貨,用……五色布之屬。)
○東淡邈(貿易之貨,用……五色布。)
○大八丹(地産綿布。)
○土塔(地産綿布、花布、大手巾。)
○加將門里(地産……花布。貿易之貨,用……巫崙布之屬。)
○須文那(地産絲布。)
○小唄喃(貿易之貨,用……八丹布。)
○古里佛(地産……皮桑布。)
○朋加剌(産苾布、高你布。)
○巴南巴西(地産細綿布。)
○放拜(地産絶細布匹,闊七尺,長丈餘。)
○大烏爹(地産布匹。)
○萬年港(貿易之貨,用……土印花布。)
○馬八兒嶼(地産……細布。)
○阿思里(地産大綿布、小布匹。)

○哩伽塔(貿易之貨,用……巫崙布之屬。)
○天竺(貿易之貨,用……色印布之屬。)
○麻呵斯離(貿易之貨,用剌速斯離布……闍婆布之屬。)
○烏爹(地産大者,……細匹布。)

瓷

○琉球(貿易之貨,用……處州磁器之屬。)
○三島(貿易之貨,用……青白花碗。)
○無枝拔(貿易之貨,用……青白處州磁器。)
○占城(貨用青磁花碗。)
○丹馬令(貿易之貨,用……青白花碗。)
○日麗(貿易之貨,用青磁器。)
○麻里嚕(貿易之貨,用……磁器盤、處州磁。)
○彭坑(貿易之貨,用……漆磁器。)
○丁家盧(貨用青白花磁器。)
○戎(貿易之貨,用……青白花碗、磁壺瓶。)

○羅衛（貿易之貨，用……青白碗。）

○東沖古剌（貿易之貨，用……青白花碗。）

○蘇洛鬲（貿易之貨，用青白花器。）

○嘯噴（貨用……磁器。）

○爪哇（貨用……青白花碗。）

○文誕（貨用……青磁器之屬。）

○龍牙犀角（貿易之貨，用……青白花碗之屬。）

○舊港（貿易之貨，用……處甆。）

○班卒（貿易之貨，用……甆器。）

○蒲奔（貿易之貨，用青甆器。）

○文老古（貿易之貨，用……青甆器。）

○龍牙門（貿易之貨，用……處甆器。）

○班達里（貿易之貨，用……青白磁。）

○喃哑哩（貿易之貨，用……青白花碗之屬。）

○加里那（貿易之貨，用青白花碗。）

〇小唄喃（貿易之貨，用……青白花器。）
〇朋加剌（貿易之貨，用……青白花器。）
〇天堂（貿易之貨，用……青白花器。）
〇天竺（貿易之貨，用……青白花器。）
〇甘埋里（去貨……青白花器、甆瓶。）
〇烏爹（貿易之貨，用……青白花器。）

絲織物（絲）

〇麻逸（貿易之貨，用……紅絹。）
〇民多朗（貨用……紅絹。）
〇真臘（貨用……龍段、建寧錦。）
〇遐來勿（貿易之貨，用……紅絹。）
〇彭坑（貿易之貨，用諸色絹。）
〇丁家盧（貨用……小紅絹。）
〇羅衛（貿易之貨，用……狗跡絹。）
〇東沖古剌（貿易之貨，用……青緞。）

○八都馬（貿易之貨，用南北絲……草金緞、丹山錦、山紅絹。）

○尖山（貿易之貨，用……錦。）

○三佛齊（貿易之貨，用色絹。）

○勃泥（貨用……色緞。）

○爪哇（貨用……青緞、色絹。）

○重迦羅（貿易之貨，用……花宣絹。）

○都督岸（貿易之貨，用……紅緑絹……色緞之屬。）

○蘇門傍（貿易之貨，用……紬絹衣、花色宣絹。）

○古里地悶（以……色絹之屬爲之貿易也。）

○龍牙門（貿易之貨，用……青緞。）

○勾欄山（貿易之貨，用……色絹。）

○特番里（貿易之貨，用……五色紬緞、錦緞。）

○班達里（地産……兜羅綿……貿易之貨，用諸色緞。）

○大八丹（貿易之貨，用南絲。）

○加里那（貿易之貨，用……細絹。）

○土塔（貿易之貨，用……五色絹、青緞。）
○加將門里（貿易之貨，用蘇杭五色緞、南北絲、土紬絹。）
○波斯離（地産……軟錦。）
○撻吉那（貿易之貨，用……五色緞。）
○須文那（貿易之貨，用五色紬緞、青緞。）
○小唄喃（貿易之貨，用……五色緞。）
○朋加剌（産……兜羅錦……貿易之貨，用南北絲、五色絹緞。）
○大烏爹（貿易之貨，用……五色緞。）
○馬八兒嶼（貿易之貨，用……青緞。）
○哩伽塔（貿易之貨，用……五色緞。）
○天堂（貿易之貨，用……五色緞。）
○層拔羅（貿易之貨，用……五色緞之屬。）
○甘埋里（去貨……青緞……蘇杭色緞。）
○烏爹（貿易之貨，用……五色緞、白絲。）

人口

○文誕（地產……黑小厮。）

○毗舍耶（時常裹乾糧，棹小舟，過外番。伏荒山窮谷無人之境，遇捕魚採薪者，輒生擒以歸，鬻於他國，每一人易金二兩重。蓋彼國之人遞相倣傚，習以爲業。故東洋聞毗舍耶之名，皆畏避之也。）

○加將門里（其土商每興販黑囡往朋加剌，互用銀錢之多寡，隨其大小高下而議價。）

○烏爹（地產大者，黑囡、翠羽、黃蠟、木綿、細匹布。）

（六）錢幣

○交趾（流通使用銅錢，民間以六十七錢折中統銀一兩，官用止七十爲率。）

○爪哇（使銅錢，俗以銀、錫、鍮、銅雜鑄如螺甲大，名爲銀錢，以權銅錢使用。）

○朋加剌（其國鑄銀錢名唐加，每個二錢八分重，流通使用。）

○大烏爹（乃以金錢兼則子使用。……國以則子、金錢流通使用，所以便民也。）

○天竺（民間以金錢流通使用。）

○烏爹（每個銀錢重二錢八分，準中統鈔一十兩，易則子計一萬一千五百二十有餘，折錢使用。以二百五十則子糴一尖籮熟米，折官斗有一斗六升。每錢收則子，可得四十六籮米，通計七十三斗六升，可供二人一歲之食有餘。故販其地者，十去九不還也。）

（七）貝子

○暹（仍以貝子權錢使用。）

○羅斛（法以貝子代錢，流通行使，每一萬準中統鈔二十四兩，甚便民。）

○針路（地産芎蕉、貝子，通暹准錢使用。）

○北溜（地産椰子索、貝子、魚乾、大手巾布。海商每將一舶貝子下烏爹、朋加剌，必互易米一船有餘。蓋彼番以貝子權錢用，亦久遠之食法也。）

○朋加剌（其國鑄銀錢名唐加，每個二錢八分重，流通使用。互易貝子一萬一千五百二十有餘，以權小錢便民，良有益也。）

○大烏爹（乃以金錢兼貝子使用。……國以貝子、金錢流通使用，所以便民也。）

○烏爹（每個銀錢重二錢八分，準中統鈔一十兩，易貝子計一萬一千五百二十有餘，折錢使用。以二百五十貝子糴一尖籮熟米，折官斗有一斗六升。每錢收貝子，可得四十六籮米，通計七十三斗六升，可供二人一歲之食有餘。故販其地者，十去九不還也。）

五、人種特徵

（一）膚色

面白

○交趾

面黑

○撻吉那（身面如漆。）

○放拜（容黑如漆。）

身白

○三島（間有白者。）

身黑

○撻吉那（身面如漆。）

○蒲奔（青黑。）

○土塔（其身如漆。）

○華羅（形黑。）

○巴南巴西（形黑。）
○放拜（容黑如漆。）
（二）面
面長
○放拜
（三）項
長項
○天竺
（四）身
長身
○波斯離
○大烏爹（身修長。）
○哩伽塔（瘦長，其形古怪。）
○天竺（身長七尺。）

體小

○巴南巴西

（五）眼

眼白

○撻吉那（眼圓白。）

○放拜（目反白。）

眼圓

○撻吉那（眼圓白。）

○巴南巴西

○麻呵斯離（眼如銅鈴。）

眼小

○天竺

（六）齒

齒黑

○交趾

齒白

○龍牙犀角

（七）耳

耳長

○巴南巴西

垂耳

○天竺

（八）髮

拳髮

○彭湖

○三島（男頂拳髮，婦人椎髻。）

○麻里嚕

○蒲奔（男垂髻，女拳髻。）

髮

○撻吉那（髮鬅鬙。）

○哩伽塔（髮長二寸而不見長。）

（九）髭

○大烏爹（女生髭。）

（十）手臂

○巴南巴西（手垂過膝。）

（十一）人爲改變

方頭

○戎

文身

○羅衛

○毗舍耶（以墨汁刺身至頭頸項。）

○花面（以墨汁刺於其面，故謂之花面，國名因之。）

（十二）海外中國人

○龍牙門（男女兼中國人居之。）

○勾欄山（今唐人與番人叢雜而居之。）

六、衣冠服飾

（一）頭部

拳髪

○彭湖

○三島（男頂拳髪，婦人椎髻。）

○麻里嚕

○蒲奔（男垂髻，女拳髻。）

披髪

○蘇門傍（披長髪。）

○班卒（披短髪。）

散髪

○馬八兒嶼

編髪

○無枝拔

○波斯離
○放拜(編髮爲繩。)
○阿思里(編髮,以牛毛爲繩,接髮捎至齊膝爲奇。)
○天竺
○麻呵斯離

辮髮

○麻那里(辮髮以帶捎,臂用金鈿。)
○天堂

束髮

○吉蘭丹

斷髮

○東沖古剌
○尖山
○蘇禄
○古里地悶

○真臘
○丹馬令
○日麗
○彭坑
○丁家盧
○羅斛
○蘇洛鬲
○八都馬
○淡邈
○八節那間
○三佛齊
○嘯噴
○勃泥
○都督岸
○文誕

○龍牙犀角
○舊港
○龍牙菩提
○文老古
○龍牙門（多椎髻。）
○淡洋
○須文答剌
○勾欄山
○特番里
○喃哑哩
○金塔
○東淡邈
○萬年港

挽髻

○遐來勿

○曼陀郎

○加將門里

○層拔羅

撮髻

○重迦羅

○毗舍耶

○高郎步

丫髻

○班達里

垂髻

○蒲奔（男垂髻，女拳髻。）

髡頭

○假里馬打

纏頭

○無枝拔

○日麗（白縵纏頭。）
○羅衛（以紫縵纏頭。）
○羅斛（白布纏頭。）
○東沖古剌（紅手帕纏頭。）
○針路（以紅綿布纏頭。）
○尖山（以紅絹纏頭。）
○班卒（緞錦纏頭。）
○沙里八丹
○華羅（以白細布纏頭。）
○朋加剌（以細布纏頭。）
包頭
○曼陀郎（以白布包頭。）
蓬頭
○須文那

手帕繫額

○天竺

戴冠

○交趾

（二）衣服

（穿）衫

○琉球（以花布爲衫。）

○麻逸（穿青布衫。）

○羅斛（穿長布衫。）

○重迦羅（衣長衫。）

○加里那（穿長衫。）

○華羅（穿長衫。）

○加將門里（穿長衫。）

○波斯離（穿駝褐毛衫。）

○朋加剌（穿長衫。）

○放拜（穿斜紋木綿長衫。）
○天竺（穿細布長衫。）
○麻呵斯離（穿長衫。）
（穿）衫十（繫）布
○彭湖（穿長布衫，繫以土布。）
○東沖古剌（穿黄綿布短衫，繫越里布。）
○三佛齊（穿青綿布短衫，繫東沖布。）
○蘇門傍（短衫爲衣，繫斯吉丹布。）
○古里地悶（穿木綿短衫，繫占城布。）
○勾欄山（穿短衫，繫巫崙布。）
（穿）衫十（繫）裙
○民多朗（穿短皂衫，下繫青布短裙。）
○麻那里（穿五色絹短衫，以朋加剌布爲獨幅裙繫之。）
（穿）衫十（繫）縵
○丹馬令（衣白衣衫，繫青布縵。）

○麻里嚕（穿青布短衫，繫紅布縵。）

○吉蘭丹（穿短衫，繫皂布縵。每遇四時節序、生辰、婚嫁之類，衣紅布長衫爲慶。）

○蘇洛鬲（穿青布短衫，繫木綿白縵。）

（穿）衫十（繫）絹

○丁家盧（穿緑纈布短衫，繫遮里絹。）

（穿）衫十（繫）捎

○彭坑（穿長布衫，繫單布捎。）

○淡邈（穿白布短衫，繫竹布捎。）

○嘯噴（以藤皮煮軟織粗布爲短衫，以生布爲捎。）

○都督岸（穿絲布短衫，繫白布捎。）

○龍牙門（穿短布衫，繫青布捎。）

○天堂（穿細布長衫，繫細布捎。）

（繫）帛十衫

○勃泥（以五采帛繫腰，花錦爲衫。）

（穿）布

○大八丹（穿南溜布。）

（穿）布十（繫）捎

○大烏爹（穿細布，繫紅絹捎。）

（繫）布

○無枝拔（繫細紅布。）

○日麗（繫小黄布。）

○羅衛（繫溜布。）

○龍牙犀角（繫麻逸布。）

○班卒（紅紬布繫身。）

○東西竺（繫占城布。）

○淡洋（繫溜布。）

○須文答剌（繫紅布。）

○特番里（繫青布。）

○班達里（繫巫崙布。）

○下里(繫溜布。)
○沙里八丹(繫布。)
○東淡邈(繫八丹布。)
○土塔(繫以白布。)
○千里馬(身繫絲布。)
○須文那(繫絲布。)
(纏身)布
○尖山(以佛南圭布纏身。)
○曼陀郎(皂布爲服。)
(纏)布十(繫)捎
○遐來勿(纏紅布,繫青綿布捎。)
○假里馬打(以竹布爲桶樣穿之,仍繫以捎。)
(纏)布十(繫)布
○金塔(纏白布,繫溜布。)

（繫）捎

○文誕（露體，繫青皮布捎。）

○毗舍耶（繫黄布爲捎。）

○舊港（以白布爲捎。）

○文老古（繫花竹布爲捎。）

○喃哑哩（露體，繫布捎。）

○高郎步（繫八節那間布捎。）

○萬年港（繫青布捎。）

（繫）縵

○針路（皂縵繫身。）

○蒲奔（繫白縵。）

（繞身）縵

○戎（以布縵繞身。）

（纏）縵＋（繫）布

○八都馬（纏青布縵，繫甘理布。）

○蘇禄（纏皂縵，繫小印花布。）
（披）縵十（繫）布
○八節那間（披白布縵，繫以土布。）
（披）單衣/單被
○三島（披單衣。）
○龍牙菩提（披木棉花單被。）
○巴南巴西（身披絲絨單被。）
（穿）唐衣
○交趾（穿唐衣，皂褶、絲襪、方履。）
（穿）衣十（繫）梢
○哩伽塔（穿布桶衣，繫皂布梢。）
（穿）裙
○層拔羅（穿無縫短裙。）
（籠）衣
○撻吉那（籠軟錦爲衣。）

（臂纏）絹

○毗舍耶（臂纏紅絹）

椰葉

○馬八兒嶼（以椰葉蔽羞。）

鳥羽衣

○阿思里（以鳥羽爲衣。）

鳥羽

○羅婆斯（不織不衣，以鳥羽掩身。）

（三）鞋襪

○天竺（藤皮織鞋，以綿紗結襪，仍將穿之，示其執禮也。）

＊補注：衣冠服飾方面，有六地與他地同，原書未詳記，以上亦未列，分别是：

賓童龍（田土、人物、風俗、氣候，與占城略同。）

暹（男女、衣著，與羅斛同。）

靈山（風俗、氣候、男女，與占城同。）

第三港（田土、氣候、風俗、男女與八丹同。）

小唄喃（風俗、男女、衣著，與古里佛同。）

烏爹（氣候、男女，與朋加剌略同。）

七、社會發展

（一）法律

○無枝拔（通國守義，如有失信者，罰金二兩重，以納其主。）

○民多朗（禁盜，盜則戮及一家。）

○真臘（法則劓、刖、刺配之刑，國人犯盜，則斷手足、烙胸背、黥額。殺唐人則死，唐人殺番人至死，亦重罰金，如無金，以賣身取贖。）

○八都馬（有犯奸盜者，梟之以示戒；有遵鑾法者，賞之以示勸：俗稍稍近理。）

○爪哇（守常刑，重鹽法。）

○沙里八丹（民有犯罪者，以石灰畫圈於地，使之立圈内，不令轉足，此其極刑也。）

○古里佛（其法至坦，盜一牛，酋以牛頭爲準，失主仍以犯人家産籍没而戮之。）

（二）無酋長

○毗舍耶（國無酋長。）

○小唄喃(有村主,無酋長。)

○馬八兒嶼(無酋長。)

(三)不煮鹽

○東沖古剌(民不善煮海爲鹽。)

○都督岸(不喜煮鹽。)

○須文那(民不善煮海爲鹽。)

○阿思里(民不善煮海爲鹽。)

○天竺(不善煮海爲鹽。)

八、宗教信仰

(一)佛教

○麻里嚕(若番官没,其婦再不嫁於凡夫,必有他國番官之子孫閥閲相稱者,方可擇配;否則削髮看經,以終其身。)

○勃泥(崇奉佛像唯嚴。)

○舊港(自淡港入彭家門,民以竹代舟,道多磚塔。)

○僧加剌（疊山環翠，洋海横絡。其山之腰，有佛殿巋然，則釋迦佛肉身所在，民從而像之。迨今以香花燭事之若存。海濱有石如蓮臺，上有佛足跡，長二尺有四寸，闊七寸，深五寸許。跡中海水入其内，不鹹而淡，味甘如醴，病者飲之則愈，老者飲之可以延年。土人長七尺餘，面紫身黑，眼巨而長，手足温潤而壯健，宛然佛家種子，壽多至百有餘歲者。佛初憐彼方之人貧而爲盜，故以善化其民，復以甘露水洒其地。産紅石，土人掘之，以左手取者爲貨，右手尋者設佛後，得此以濟貿易之貨，皆令温飽而善良。其佛前有一鉢盂，非玉非銅非鐵，色紫而潤，敲之有玻璃聲，故國初凡三遣使以取之。至是，則舉浮屠之教以語人，故未能免於儒者之議。然觀其土人之梵相，風俗之敦厚，詎可弗信也夫！）

○金塔（古崖之下，聖井傍有塔十丈有餘。塔頂曾鍍以金，其頂頽而石爛，惟苔蘚青青耳。）

○土塔（居八丹之平原，赤石圍繞，有土磚甃塔，高數丈。漢字書云：「咸淳三年八月畢工。」傳聞中國之人其年販彼，爲書於石以刻之，至今不磨滅焉。）

（二）印度教

○真臘（次曰桑香佛舍，造裹金石橋四十餘丈。）

○八都馬（親没，必沐浴齋戒，號泣半月而葬之，日奉桑香佛惟謹。）

○明家羅（中島桑香佛所居，珍寶盈前，人莫能取。）

○土塔(民間多事桑香聖佛，以金銀器皿事之。)

(三) 伊斯蘭教

○加將門里(叢雜回人居之。)

(四) 其他信仰

○丁家盧(刻木爲神，殺人血和酒祭之。每水旱疫癘，禱之立應；及婚姻病喪，則卜其吉凶，亦驗。)

○都督岸(民間每以正月三日，長幼焚香拜天，以酒牲祭山神之後，長幼皆羅拜於庭，名爲慶節序。)

○華羅(民間每創石亭數四，塑以泥牛，或刻石爲像，朝夕諷經，敬之若神佛焉，仍以香花燈燭爲之供養。)

九、歷史紀録

(一) 紀時史事

○爪哇(大德年間，亦黑迷失、平章史弼、高興曾往其地，令臣屬，納税貢，立衙門，振綱紀，設鋪兵以遞文書。)

○暹（近年以七十餘艘來侵單馬錫，攻打城池，一月不下。本處閉關而守，不敢與争。遇爪哇使臣經過，暹人聞之乃遁，遂掠昔里而歸。至正己丑夏五月，降於羅斛。）

○僧加剌（其佛前有一鉢盂，非玉非銅非鐵，色紫而潤，敲之有玻璃聲，故國初凡三遣使以取之。）

○勾欄山（國初，軍士征闍婆，遭風於山下，輒損舟，一舟幸免，唯存釘灰。見其山多木，故於其地造舟一十餘隻，若檣柁、若帆、若篙，靡不具備，飄然長往。有病卒百餘人，不能去者，遂留山中。）

○馬魯澗（有酋長，元臨漳人陳其姓也，幼能讀書，長練兵事，國初領兵鎮甘州，遂入此國討境不復返。兹地産馬，故多馬軍，動侵番國以兵凡若干萬。歲以正月三日，則建高壇以受兵賀。所至之地，即成聚落一所。民間互易，而卒無擾攘之患，蓋以刑法之重如此。觀其威逼諸番，嚴行賞罰，亦豪酋中之表表者乎。）

（二）其他傳聞

○三島（男子嘗附舶至泉州經紀，罄其資囊，以文其身。既歸其國，則國人以尊長之禮待之，延之上座，雖父老亦不得與争焉。習俗以其至唐，故貴之也。）

○古里地悶（昔泉之吴宅，發舶梢衆百有餘人，到彼貿易。既畢，死者十八九，間存一二，而多羸弱乏力，駕舟隨風回舶。或時風恬浪息，黄昏之際，則狂魂蕩唱，歌舞不已；夜則添炬輝燿，使人魂逝而膽寒。）

○急水灣（昔有度元之舶，流寓在其中二十餘日，失風，針迷舵折，舶遂閣淺。人船貨物，俱各漂蕩。偶遺三人於礁上者，枵腹五日，又且斷舶往來，輒採礁上螺蚌食之。當此之時，命懸於天。忽一日大木二根，浮海而至礁旁，人抱其木，隨風飄至須門答剌之國，幸而免溺焉。）

○土塔（居八丹之平原，赤石圍繞，有土磚甃塔，高數丈。漢字書云：「咸淳三年八月畢工。」傳聞中國之人其年販彼，爲書於石以刻之，至今不磨滅焉。）

（三）個人親歷

○琉球（山曰翠麓，曰重曼，曰斧頭，曰大崎。其大崎山極高峻，自彭湖望之甚近。余登此山，則觀海潮之消長，夜半則望暘谷之日出，紅光燭天，山頂爲之俱明。）

○大佛山（至順庚午冬十月十有二日，因卸帆於山下。是夜，月明如晝，海波不興，水清徹底。起而徘徊，俯窺水國，有樹婆娑。余指舟人而問：「此非青琅玕珊瑚樹者耶？」曰：「非也。」「此非月中娑羅樹影者耶？」曰：「亦非也。」乃命童子入水採之，則柔滑；拔之出水，則堅如鐵。把而玩之，高僅盈尺，則其樹槎牙盤結奇怪，枝有一花一蘂，紅色天然，既開者彷彿牡丹，半吐者類乎菡萏。舟人秉燭環堵而觀之，衆乃雀躍而笑曰：「此瓊樹開花也。誠海中之稀有，亦中國之異聞。余歷此四十餘年，未嘗有睹於此。君今得之，兹非千載而一遇者乎！」余次日作古體詩一首，以記其實。袖之以歸，豫章邵庵虞先生見而賦詩，迨今留於君子堂以傳玩焉。

十、比較評論

（一）中外比較

○八節那間（俗尚邪，與湖北道澧州風俗同。）

○龍牙菩提（無田耕種，但栽薯芋，蒸以代糧。當收之時，番家必堆貯數屋，如中原人積糧，以供歲用。）

（二）評價議論

○古里地悶（昔泉之吴宅，發舶梢衆百有餘人，到彼貿易。既畢，死者十八九，間存一二，而多羸弱乏力，駕舟隨風回舶。或時風恬浪息，黄昏之際，則狂魂蕩唱，歌舞不已；夜則添炬輝燿，使人魂逝而膽寒。吁！良可畏哉。然則其地縱有萬倍之利，何益？昔柳子厚謂海賈以生易利，其有甚於此者乎？）

○崑崙（雖則地無異産，人無居室，山之窩有男女數十人，怪形而異狀，穴居而野處，既無衣褐，日食山菓、魚蝦，夜則宿於樹巢，彷標枝野鹿之世。何以知其然也？凡舶阻惡風，灣泊其山之下，男女群聚而玩，撫掌而笑，良久乃去，自適天趣。吾故曰：其無懷大庭氏之民歟？其葛天氏之民歟？）

○僧加剌（産紅石，土人掘之，以左手取者爲貨，右手尋者設佛後，得此以濟貿易之貨，皆令温飽而善良。其佛前有一鉢盂，非玉非銅非鐵，色紫而潤，敲之有玻璃聲，故國初凡三遣使以取之。至是，則舉浮屠之教以語人，故未能免於儒者之議。然觀其土人之梵相，風俗之敦厚，詎可弗信也夫！）

○曼陀郎（國界西北隅，與播寧接壤。地瘠，宜種麥。酋長七尺有餘。二國勢均，不事侵伐，故累世結姻，頗有朱陳村之俗焉。）

○喃哑哩（夫以舶歷風濤，回經此國，幸而免於魚龍之厄，而又罹虎口，莫能逃之，其值風信之乖時使之然歟！）

○高郎步（舶人不幸失風，或駐閣於其地者，徒爲酋長之利。舶中所有貨物，多至全璧而歸之，酋以爲天賜也，孰知舶人妻子饑寒之所望哉！）

○万里石塘（石塘之骨，由潮州而生，迤邐如長蛇，横亘海中，越海諸國。俗云「萬里石塘」，以余推之，豈止萬里而已哉！舶由玳嶼門掛四帆，乘風破浪，海上若飛，至西洋或百日之外，以一日一夜行百里計之，萬里曾不足。故源其地脈，歷歷可考。一脈至爪哇，一脈至勃泥及古里地悶，一脈至西洋，極崑崙之地。蓋紫陽朱子謂海外之地與中原地脈相連者，其以是歟！觀夫海洋，泛無涯涘，中匿石塘，孰得而明之？避之則吉，遇之則凶。故子午針人之命脈所係。苟非舟子之精明，能不覆且溺乎？吁！得意之地勿再往，豈可以風濤爲徑路也哉！）

○朋加剌（茲番所以民安物泰者，平日農力有以致之。是故原防菅茅之地，民墾闢種植不倦，犁鐮勞苦之役，因天之時而分地利，國富俗厚，可以軼舊港而邁闍婆云。）

○大烏爹（國以𧵅子、金錢流通使用，所以便民也。成周之世，用錢幣，漢武造皮幣，鑄白銀，無非子母相權而已。如西洋諸番國，鑄爲大小金錢使用，與中國銅錢異，雖無其幣以兼之，得非法古之道者歟？）

○馬魯澗（有酋長，元臨漳人陳其姓也，幼能讀書，長練兵事，國初領兵鎮甘州，遂入此國討境不復返。茲地産馬，故多馬軍，動侵番國以兵凡若干萬。歲以正月三日，則建高壇以受兵賀。所至之地，即成聚落一所。民間互易，而卒無擾攘之患，蓋以刑法之重如此。觀其威逼諸番，嚴行賞罰，亦豪酋中之表表者乎。）

○羅婆斯（男女異形，不織不衣，以鳥羽掩身。食無煙火，惟有茹毛飲血，巢居穴處而已。雖然，飲食宫室，節宣之不可缺也；絲麻絺紵，寒暑之不可或違也，夫以洛南北之地，懸隔千里，尚有寒暑之殊，而況於島夷諸國者哉！其地鐘湯之全，故民無衣服之備，陶然自適，以宇宙輪輿。宜乎茹飲不擇，巢穴不易，相與浮乎太古之天矣！）

○烏爹（每個銀錢重二錢八分，準中統鈔一十兩，易䝳子計一萬一千五百二十有餘，折錢使用。以二百五十䝳子糴一尖籮熟米，折官斗有一斗六升。每錢收䝳子，可得四十六籮米，通計七十三斗六升，可供二人一歲之食有餘。故販其地者，十去九不還也。夫以外夷而得知務農重穀，使國無遊民，故家給人足，歲無饑寒之憂。設之興行禮讓，教以詩書禮樂，則與中國之風無間然矣，孰謂蠻貊之邦而不可行者哉！）

附録四：島夷誌略的版本與校勘問題

提要：島夷誌略現存諸本，以清乾隆間彭氏知聖道齋鈔本内容完整、文字比較準確，特别是保留了更早時期版本的面貌，最爲可貴，也最適合作爲底本。近四十年來最爲通行的整理本蘇繼廎島夷誌略校釋，以文津閣四庫全書本爲底本，而未將彭氏知聖道齋鈔本作爲底本，是其失誤。文津閣四庫全書本臆補了不少原本的闕字，且序跋多有缺失，並不適合作爲底本。而文淵閣四庫全書本雖有大量的闕字，但正反映了所依據本子的面貌；加之文字比較準確，適合作爲主要的參校本。藤田豐八島夷誌略校注雖是百年前的著作，其校勘的意見至今仍有其價值，值得注意。

關鍵詞：島夷誌略　版本　校勘　島夷誌略校注　島夷誌略校釋

元人汪大淵所撰島夷誌略是有關古代海上絲綢之路歷史的一部名著，享譽中外。該書條目衆多，記録系統，内容豐富。全書百條，除去末條「異聞類聚」，以海外地方列爲專門條目者即已達九十九條之多，其他涉及的海外地名更多，總體上超過此前宋代的嶺外代答和諸蕃志，更遠超此後明代的瀛涯勝覽和星槎勝覽。島夷誌略也給此後的海外地理著作深刻的影響，直接因襲或者大量引用的，明代的作品中非常知名的就有星槎勝覽、寰宇通志、大明一統志、咸賓録等多種。(一)

島夷誌略是一部史料價值非常高的書，也是一部閲讀困難相當大的書，部分的閲讀困難，是與此書没有較早較好的版本傳世有一定關係的。元末的兩種刊本早就不知去向，甚至現存多種版本的主要源頭天一閣藏本也了無蹤跡，因此，從校勘的角度重新整理此書便成爲了現有工作的核心。

一百多年來，中外學者對島夷誌略的校勘傾注了心血，成績斐然。其中尤以蘇繼廎先生的島夷誌略校釋最爲後出，堪稱集大成之作。一部古代文獻的校勘有賴於存世各種版本的收集利用和對於各種版本之間關係的分析。而島夷誌略校釋畢竟是六十多年前的作品，受制於當時的條件，文淵閣四庫全書本未能利用，並且利用的有些鈔本是轉鈔本，尤其是未能分析所利用的各種版本之間的關係，導致在底本的選擇方面也有可議之處。

因此，本文計劃就島夷誌略各種版本之間的關係進行比較詳細的分析，對包括島夷誌

(一) 有關這一問題的詳細討論，請參楊曉春再論汪大淵與島夷誌，絲路文化研究第七輯，商務印書館，二〇二二年。

略校釋在内的各種整理本的情況進行介紹和評價，特别就島夷誌略校釋的不足作比較全面的説明，最後再就文淵閣四庫全書本島夷誌略的校勘價值作具體的説明，希望在島夷誌略的版本與校勘問題方面得到更爲全面、可靠的認識。

一、島夷誌略諸舊本之間的關係

島夷誌略成書於元末至正九年（一三四九年），隨後作爲清源續志的附録一並刊刻，不久在江西重刊單行。〔一〕今天，這兩種元刊本均不可見，其實早在明末清初之時元刊本就已經不見藏書家的著録。清初錢曾讀書敏求記著録的一種，稱爲「元人舊鈔本」，〔二〕並未提及刊本，甚至元人舊鈔本的判斷也不一定可靠。畢竟島夷誌略在元末刊行之後不到二十年元朝就滅亡了，已有兩種刊本在不到二十年這麽短的時間是否會有鈔本出現是大可懷疑的。當然，讀書敏求記著録的這個本子也已不知去向。

〔一〕相關的討論，請參楊曉春汪大淵出洋史實與島夷誌的成書及初刊問題再研究，元史及民族与边疆研究集刊第四十五辑，上海古籍出版社，二〇二三年六月。

〔二〕（清）錢曾讀書敏求記卷二史别志，丁瑜點校，書目文獻出版社，一九八四年，第六七至六八頁。

管見所及島夷誌略現存舊本共有八種，分别是：（一）約乾隆時期彭元瑞知聖道齋鈔本（彭本），（二）乾隆四十六年（一七八一年）文淵閣四庫全書鈔本（淵本），（三）乾隆四十七年（一七八二年）文溯閣四庫全書鈔本（溯本），（四）乾隆四十九年（一七八四年）文津閣四庫全書鈔本（津本），（五）皕宋樓舊藏文瀾閣四庫全書傳鈔本（陸本），（六）光緒時期丁丙竹書堂校録本（丁本），（七）光緒時期補鈔文瀾閣四庫全書本（補瀾本），（八）光緒十八年（一八九二年）龍鳳鑣知服齋叢書刊本（龍本）。〔一〕以上均爲清代的本子，並且多爲鈔本，直到晚清才又出現刊本。因爲長時間没有刊本行世，島夷誌略的流傳總體看來是比較有限的。直到知服齋叢書本刊刻的次年即光緒十九年（一八九三年），大學者亦是知名藏書家的沈曾植在獲得知服齋叢書本島夷誌略時還稱「此書思之有年，而不可得見，舊歲始得此新刻本」。〔二〕

現存各種版本總體上的一致性是比較明顯的：一則全書的條目完全一致，均爲一百

〔一〕以上括弧中的簡稱，主要考慮到蘇繼廎島夷誌略校釋中使用的各種版本簡稱的銜接性，也考慮到了比較整齊劃一的便利性。

〔二〕（清）沈曾植撰，許全勝、柳岳梅整理海日樓群書題跋卷二史部，載許全勝、柳岳梅整理海日樓書目題跋五種，中華書局，二〇一七年，第一八〇頁。

條，次序也一致，只是條目名偶有不同；一則各個條目具體的描述文字總體一致。比較大的差異則表現爲兩方面：一是序跋數量的不同，部分版本不齊全；一是具體文字的不同。

版本來源方面，根據四庫全書總目注明的來源「浙江范懋柱家天一閣藏本」，首先可以明確四庫全書諸鈔本源自天一閣藏本，通常估計爲明鈔本。此本後有明嘉靖戊申（二十七年，一五四八年）袁表跋文，(一)而同爲乾隆時期的彭本也有此跋，因此可知各本均源自袁表跋本，只是需要判斷彭本是直接源自袁表跋本還是間接來自天一閣藏本。除了四庫系列鈔本，其他幾種版本均没有説明版本的來源，爲判斷各版本之間的關係帶來了一定的困難。現在能夠幫助判斷各版本之間關係的主要證據就是各種版本的文字本身。島夷誌略校釋已經提供了多種版本異文的詳細狀況，可以幫助我們分析現存各種版本之間的關係。

以下分别概述各種版本的基本情況，並着重對各種版本之間的關係作出判斷和推測。

(一) 有的版本寫作袁袠，袁表、袁袠爲兄弟，此處作袠誤，相關辨析參見（元）汪大淵著、蘇繼庼校釋島夷誌略校釋，中華書局，二〇〇〇年，第三八七至三八八頁。

其中溯本和陸本尚未公佈，詳情不知。好在溯本的來源明確可知，陸本的來源則根據皕宋樓藏書志鈔録的序言全文大致可以推斷，因此並不影響版本間關係的總體判斷。

（二）約乾隆時期彭元瑞知聖道齋鈔本（彭本）

彭元瑞知聖道齋書目著録「島夷誌略元汪大淵。一本」，(一)當即此書。此本後爲周叔弢所得，自莊嚴龕善本書目著録。(二)周氏後又將此書捐贈給北京圖書館（今中國國家圖書館），北京圖書館善本古籍目録、中國古籍善本書目著録。(三)國圖所藏彭本已經全部電子化並在國圖網站公開，本文所據即是國圖網站電子版。四庫提要著録叢書（史部）第一一四册影印收入。

此本版心下魚尾印「知聖道齋/鈔校書籍」八字。半葉十行行二十四字。前有張翥、吴鑒二序，張翥序前首題「島夷誌略原序」，有吴鑒清源續志序，首題「島夷誌略序」；末有汪大淵後序，首題作「島夷誌後序」，有袁表跋，首題作「島夷誌略跋」。

(一)（清）彭元瑞知聖道齋書目卷二史部，叢書集成續編第六八册影玉簡齋叢書本，上海書店，一九九五年，第九八六頁。
(二)冀淑英編自莊嚴龕善本書目史部地理類外紀，天津古籍出版社，一九八五年，第三五頁。
(三)北京圖書館編北京圖書館古籍善本書目史部，書目文獻出版社，一九八七年，第八一六頁。中國古籍善本書目編輯委員會編中國古籍善本書目史部地理類二，上海古籍出版社，一九九三年，第一〇四七頁。

彭元瑞是清代乾隆時期知名的學者、藏書家，所蓄書籍多有鈔本，其知聖道齋書目自序云：「余捐俸購書，又借鈔范氏天一閣、吴氏小山堂、馬氏叢書樓、鮑氏知不足齋諸舊本，雖未能略備，然頗費心力。」(一)彭氏還參與四庫全書的修纂，爲副總裁之一。因此出自彭氏的這個鈔本是很值得重視的。彭本有着以下三個優點：

首先，彭本遇「至正」、「國朝」、「詔」、「國初」等字眼均換行，顯然保存了所據鈔本的舊貌，所據鈔本則很可能源自元刊本。這是島夷誌略現存鈔本中能夠比較好地反映更早的版本狀況的唯一一種，彌足珍貴。

其次，彭本非常完整。現在所知的島夷誌略的各種序跋，此本均備；全書的條目也少有闕字，且大多數闕字地方只闕一字，往往並不影響閱讀。

再次，全書文字比較準確。並且經過彭氏校改，改正了不少文字訛誤。不過也有未能改正甚至改正爲誤的地方。前者如「三島」條將「有疊山層巒，民傍綠居之」之「綠」改爲「陸」，其實當作「緣」，「綠」、「緣」二字形近而誤。後者如吴鑒序開頭的「及秦羅侯置守，廢列國史，漢馬遷作史記」，將前一個「史」字改爲「西」而屬下，其實原文並不誤，此處前文講列

(一)(清)彭元瑞恩餘堂輯稿卷一，續修四庫全書第一四四七册影清道光七年刻本，第四四七頁。

國有史。

彭本與淵本一樣末有袁表跋文，可知其與淵本所根據的天一閣藏本同源，源出於袁表跋本。那麽，彭本是否也與四庫全書諸鈔本一樣出自天一閣藏本呢？從淵本有着大量的闕文（詳見下文所述）而相應的地方彭本往往並不闕文推測，彭本並非直接源自天一閣藏本，至少並不是乾隆後期修四庫全書之時范懋柱進獻的天一閣藏本。不過，彭本仍有幾處闕文和淵本一模一樣，如「日麗」條末句「小印花」和「之屬」之間闕四字。又可知彭本與天一閣藏本有着密切的同源關係，這也正是我們今天看到的源自天一閣藏本的四庫全書諸鈔本與彭本總體比較一致的原因所在。

（二）乾隆四十六年文淵閣四庫全書鈔本（淵本）

淵本是四庫全書諸鈔本中形成時代最早的一部，原書藏臺北故宫博物院，臺北商務印書館景印文淵閣四庫全書（史部）第五九四册影印出版，後大陸也有影印，也是現今影印本四庫全書鈔本中最爲通行的一種。此本前有提要，有張翥、吴鑒二序，張翥序前首題作「島夷誌略原序」，有吴鑒清源續志序，首題作「島夷誌略序」；末有汪大淵後序，首題作「島夷誌後序」，有袁表跋，首題作「島夷誌略跋」。全書半葉八行行二十一字，這是四庫全書各種鈔本統一的行款。

淵本在版本方面最突出的特徵是存在不少闕字，包括「交趾」條、「舊港」條、「毗舍耶」條、「班卒」條、「假里馬打」條、「古里地悶」條、「崑崙」條、「東西竺」條、「淡洋」條、「僧伽剌」條、「天竺」條、「甘埋里」條、「羅婆斯」條、「烏爹」條、「異聞類聚」條共十五條，闕字多的如「羅婆斯」條共有五處，每處少則二字，多則四字。淵本的這些闕字，如果估計成像彭本那樣是每行二十四字的版式，則幾乎都到了每一書葉的上部以及下部。以書末闕字比較集中的「甘埋里」條、「羅婆斯」條、「烏爹」條、「異聞類聚」條爲例（參見圖一），可以看出除了「羅婆斯」條的「窮海」二字，其他闕字均處於邊緣位置。甚至「烏爹」條的闕字按照彭本的行款，在一張書葉最爲靠近版心的地方。我們知道，綫裝書最容易毁壞的就是靠外側的部分，特別是靠近版心的部分，因爲每一張書葉都是沿着版心對折的，所以很多時候（特別是蟲蛀的時候）毁壞的地方還常常是在一張書葉的前後兩個半葉對着的地方。「烏爹」條前半葉的「無遊」二字和後半葉的「書禮樂」三字折起來後正是相對的。根據這一跡象，甚至可以估計淵本所據之本即天一閣藏本和彭本的行款也是完全一樣的。那麽，還可以進一步估計天一閣藏本和彭本在傳鈔時均保留了原本的行款。

圖一 島夷誌略 文淵閣四庫全書本闕字書葉(左)與彭氏知聖道齋鈔本(右)比較

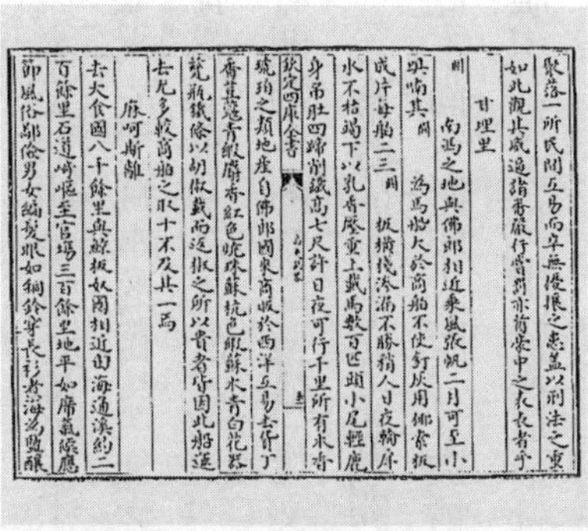

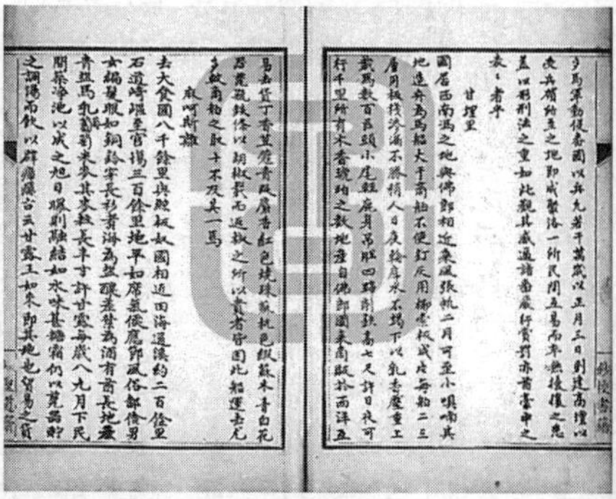

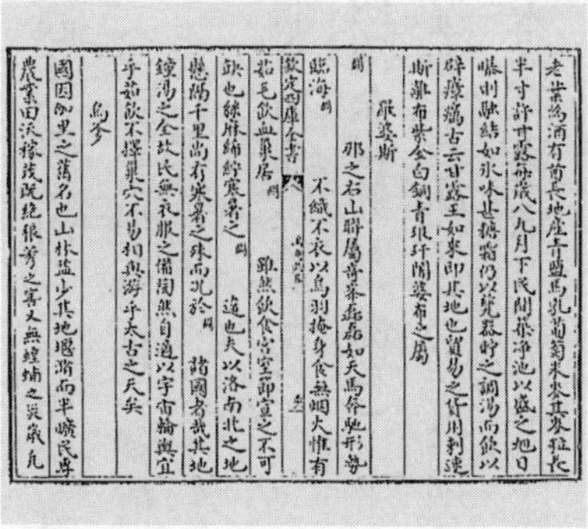

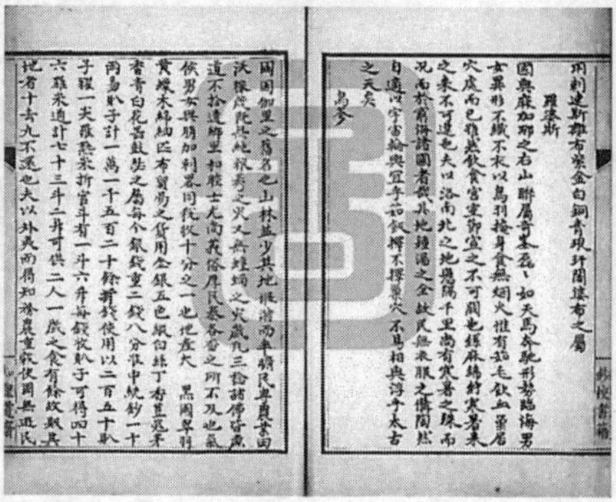

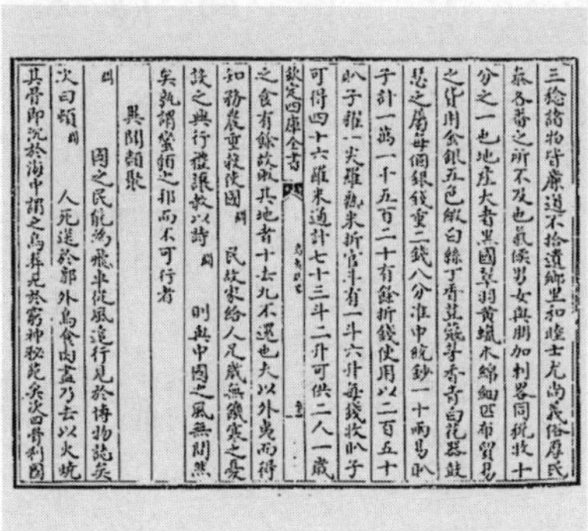

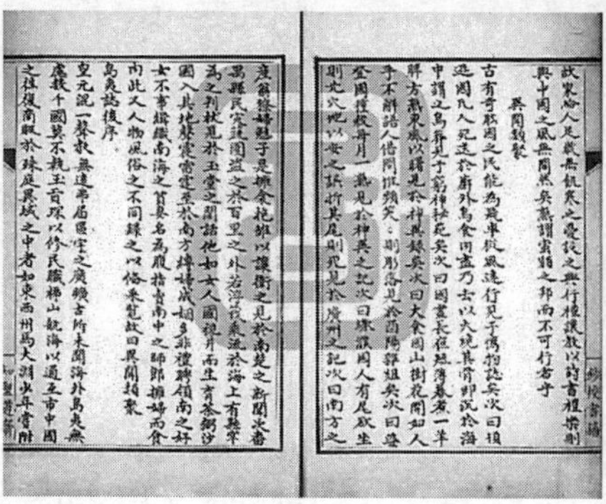

淵本是四庫全書各種鈔本中時代最早的一種，序跋齊全，並且其闕字可以理解成保留了所據天一閣藏本的舊貌，加之文字相當準確，是一種值得注意的版本。其價值，並不因爲多有闕字而可以忽視。

有關淵本的校勘價值，後文將會再作具體分析。

(三) 乾隆四十七年文溯閣四庫全書鈔本(溯本)

此本尚未影印出版，具體情況尚不可知。其提要，則早在民國時期經金毓黻等整理已經出版，(一)可以從中窺見這一鈔本的少量信息。

(四) 乾隆四十九年文津閣四庫全書鈔本(津本)

原書藏中國國家圖書館，二〇〇七年北京商務印書館文津閣四庫全書(史部)第五九四册影印出版。此本前有提要，而無張翥、吴鑒二序及吴鑒清源續志序；末有汪大淵後序，首題作「島夷誌後序」，無袁表跋。津本提要相較四庫全書總目、淵本提要，要少將近一半的内容，原因正是四庫提要有不少涉及原書序言和袁跋的地方，置於没有序言及袁跋的

(一) 金毓黻等編文溯閣四庫全書提要卷四二史部地理類四，影一九三五年遼海書社排印本，中華書局，二〇一四年，第一三六九至一三七〇頁。

津本之前就完全没有針對性了，因此之故相關部分被删去了。至於删去的原因，暫時還没有比較合適的解釋。

因爲津本不具書前的三篇序言，所以雖然鈔寫的行款同於淵本，但是版面與淵本並不能一一對應。不過令人驚訝的是，到了第十八葉「爪哇」條以下又可以和淵本的版面完全對應了。仔細觀察，可以發現在前一條「暹」條的最末一行較常規的每行二十一字多出了兩字，使得這一條可以就此結束而少占一行。估計津本鈔寫時受到淵本的影響，大概是不經意間發現與淵本的版面只差一行，於是臨時調整，增加一行的字數，將此後多數條目調整成與淵本同樣的版面。這種可以完全對應的版面，是便於鈔寫中減少失誤，也是便於核對的。

以津本相較淵本，可以發現淵本中的闕字在津本中全部不見了，這很使人疑惑是否津本參考了别的版本進行了校勘。不過經過仔細閲讀，特别是對照彭本，便可以發現其實這並非根據了新的版本，而是津本根據文意進行文字的補足而已。因此，不免有不夠熨貼乃至嚴重錯誤的地方。與彭本比較，發現津本除了「烏爹」條所補與彭本一致，其他的條目都是不同的。有的地方，僅僅從文意就可以判斷津本的錯誤。例如「舊港」條，津本云：

田利倍於他壤，云一季種谷，三年生金，言其谷變而爲金也。後西洋人聞其田美，每乘舟來取田内之土骨以歸，彼田爲之脈而種谷，舊港之田遂不復生，亦怪事也。(一)

右側加着重號的兩處，淵本闕文。此處前面講舊港的田中生金(穀變爲金)，西洋人將舊港田中土骨取走放到自己的田里，循其文意，應該是舊港的田不再生金，現在津本所作「舊港之田遂不復生」，文意就不夠顯明了。查彭本分别作「故造舟」和「金不」，「舊港之田金不復生」，就一下子文意豁然了；至於「故造舟」有一「故」字，也是比「每乘舟」要好的。

又如「崑崙」條，津本云：

舶販西洋者，必掠之，順風七晝夜可渡。諺云：上有七州，下有崑崙，計其物有孰存？雖則地無異産，人無居室，山之窩有男人數十女人數十異狀，穴居而野處，既無衣褐，日食山菓、魚蝦，夜則宿於樹巢，仿摽技野鹿之世，何以知其然也？

(一) 津本「稻穀」之「穀」均作「谷」，彭本作「谷」或改爲「穀」，淵本作「穀」。

「計其物有孰存」，文意完全不可通，更何況這是引用的諺語，前面「上有七州，下有崑崙」很是工整，後面的「計其物有孰存」變得參差不齊。「男人數十女人數十」這樣的行文是很少見的，加上「異狀」，就不知該屬前還是屬後了。查彭本分別作「迷舵失舟」和「人怪形而」，且「孰」作「就」。前一處雖然仍不能盡通，但是顯然已經可以大致理解文意了，後一處則完全可通。又查淵本，前一處闕四字。其實此處彭本、淵本、津本之「計」爲「針」之訛，對此，藤田豐八早已指出，(一)「針迷舵失」也便豁然開朗了。這一同樣的錯字，也有助於説明彭本和天一閣藏本的同源關係。

此外，還有正文中「班卒」條條名，淵本「卒」字上空一字，津本補爲「假里」，誤。至於像「烏爹」條那樣準確補出的，實在是因爲所補内容比較容易猜測的緣故。

相較津本，還可以發現淵本改正了大量錯字，估計是從天一閣藏鈔本過録的時候有意識地進行了改正。

(一) 藤田豐八島夷誌略校注，載羅振玉校補雪堂叢刻第三册，影民國四年上虞羅氏排印本，北京圖書館出版社，二〇〇〇年，第一二九至一三〇頁。

（五）皕宋樓舊藏文瀾閣四庫全書傳鈔本（陸本）

陸心源皕宋樓藏書志著録，稱爲「文瀾閣傳鈔本」，並全文鈔録了張翥、吴鑒二序及吴鑒清源續志序。後這一鈔本與皕宋樓舊藏大量宋元刊本一道歸於日本静嘉堂文庫。静嘉堂文庫漢籍分類目録著録：「島夷誌略。文瀾閣傳鈔本。一卷。元汪大淵撰寫。」[一]

有學者根據陸心源收藏圖書始於同治初年，從而認爲皕宋樓藏書志著録的「文瀾閣傳鈔本」是新補鈔的文瀾閣四庫全書本。[二] 其實在文瀾閣建成之後，所藏四庫全書就對外開放，江南士子前往鈔書的情況很普遍。張金吾就是其中之一，其愛日精廬藏書志及續志著録的文瀾閣傳鈔本達九十一種。[三] 在咸豐十一年（一八六一年）文瀾閣爲太平天國破壞之前的幾十年中，一定有相當數量的文瀾閣傳鈔本得以流傳，特别是像島夷誌略這樣一直流傳很少的書，更是會得到鈔書者的特别注意。乾隆後期四庫全書總目和四庫全書簡明目録的公開出版，也足以使江南的藏書家對文瀾閣所藏四庫全書的情況有準確的瞭解。

[一] 静嘉堂文庫編静嘉堂文庫漢籍分類目録，静嘉堂文庫，昭和五年，第三五〇頁。

[二] 蔣鵬翔愛日精廬藏書志所載文瀾閣傳鈔本考述，中國四庫學第四輯，中華書局，二〇一九年。

[三] 參考前引蔣鵬翔文中的統計。

乾嘉時期蕭山藏書家王宗炎十萬卷樓書目著録島夷誌略鈔本一册，(一)或許也出自文瀾閣。此類文瀾閣傳鈔本終究還是要傳下來一部分的，陸心源也完全有可能得到之前鈔寫的文瀾閣傳鈔本。皕宋樓藏書志著録的文瀾閣傳鈔本多達一百五十九種，(二)很難想象當時最爲知名的藏書家從新近補鈔的文瀾閣四庫全書中鈔出那麼多的書；而如果是有意收集的原本已經損毁的文瀾閣傳鈔本，恰好是符合藏書家的品味的。因此，我們認爲皕宋樓藏書志著録的文瀾閣傳鈔本至少有部分來自文瀾閣毁損之前的舊傳鈔本。道光六年（一八二六年）即張金吾謝世前三年，愛日精廬藏書就已大量散出，頗有一直流傳至今者，(三)想必其中數量頗爲可觀的文瀾閣傳鈔本也會流入其他藏書家的。

就島夷誌略而言，皕宋樓藏書志鈔録的序言文字訛誤較愛日精廬藏書志要稍少一些，但是仍有幾處共同的錯字，特别是吴鑒序「無不可通之理」均誤爲「無不可道之理」，吴鑒清

(一) 王宗炎藏編十萬卷樓書目史部第二十二號，清代私家藏書目録題跋叢刊第二册影國家圖書館藏清宣統元年鈔本，國家圖書館出版社，二〇一〇年，第一五〇頁。

(二) 參考前引蔣鵬翔文中的統計。

(三) 參見（清）張金吾撰、柳向春整理、吴格審定愛日精廬藏書志「整理説明」，上海古籍出版社，二〇二〇年，第一〇至一一頁。

源續志序「文吏武夫」均誤爲「文史武夫」，(一)而今存補鈔的文瀾閣四庫全書本卻作「無不可道之理」、「文吏武夫」，都是正確的。因此，完全可以將皕宋樓舊藏文瀾閣傳鈔本估計爲直接從文瀾閣四庫全書鈔出者。甚至，有可能就是愛日精廬舊藏鈔本。

（六）光緒時期丁丙竹書堂校録本（丁本）

此本現藏南京圖書館（GJ／110354）。全書有紅色界格，鈔寫工整，下書耳有「竹書堂校録本」六字，扉頁有丁丙題跋粘簽，首葉右下側由下至上鈐「嘉惠堂藏書之記」、「八千卷樓藏書記」二印，天頭中間鈐「四庫著録」印。「嘉惠堂」得名於丁丙搶救補鈔文瀾閣四庫全書而得到光緒皇帝的嘉獎，上諭中有「洵足嘉惠藝林」之語，藏書樓則建於光緒十四年（一八八八年）。石祥先生在論及丁氏有補鈔文瀾閣四庫全書之志、注重四庫著録之書時説：「故而丁氏收集四庫著録之書尤備，未得者僅百餘種，而四庫存目之書亦搜得一千五百餘種。丁氏爲妥善管理計，還特意治『四庫著録』、『四庫附存』兩印，鈐於卷首，以示醒目。」(二)此本恰好是鈐「四庫著録」印的，則其鈔寫與丁氏補鈔文瀾閣四庫全書之舉有關。而丁氏

(一)（清）陸心源皕宋樓藏書志卷三四史部地理類外紀，續修四庫全書第九二八册影清刻潛園總集本，第三八一至三八二頁。

(二)石祥杭州丁氏八千卷樓書事新考，上海古籍出版社，二〇一一年，第四四頁。

補鈔文瀾閣四庫全書主要在光緒八年至十四年（一八八二至一八八八年），且丁氏在補鈔文瀾閣四庫全書時有時還會順便鈔存一份留在八千卷樓，㈠由此可以估計此本鈔於光緒八年至十四年間。

丁本前有四庫全書提要，張翥、吴鑒二序及吴鑒清源續志序；末無汪大淵後序，有袁衮跋。張翥序以下半葉八行行二十一字。丁丙八千卷樓書目著録島夷誌略鈔本和知服齋叢書刊本，㈡八千卷樓藏書志和善本書室藏書志均著録島夷誌略鈔本並作題跋，㈢題跋提及張翥、吴鑒二序和袁衮跋，「袁衮」其名在彭本和淵本中均作「袁表」。看來南圖藏鈔本就是丁丙諸書著録之本。單獨刊出的四庫全書總目（殿本、浙本同）中有關島夷誌略的提要和各種四庫全書鈔本書前的提要文字有所不同，特别是將「又所載真臘物

㈠ 具體的例子，參考石祥杭州丁氏八千卷樓書事新考，第四三頁。

㈡（清）丁丙藏、丁仁編八千卷樓書目卷八史部地理類，續修四庫全書第九二一册影民國十二年錢塘丁氏聚珍仿宋鉛印本，第一八〇頁。

㈢（清）丁丙八千卷樓藏書志史部地理類，樂怡編著美國哈佛大學哈佛燕京圖書館藏稿鈔校本叢刊第六四册，廣西師範大學出版社，二〇一六年，第二三〇頁。（清）丁丙善本書室藏書志卷十二史部十二下，續修四庫全書第九二七册影清光緒二十七年錢塘丁氏刻本，第三〇三頁。

産，較元周達真臘風土記亦僅十之四五」一句（淵本、溯本、津本均同）誤作「又所載真臘風土記亦僅十之四五」，導致文句完全不通。丁本前的四庫提要則同於四庫全書總目。丁本書中還有四處粘簽，對比丁本題跋粘簽字跡可知其亦出自丁丙手筆，均是指正文字訛誤的。

此本當出自文瀾閣四庫全書本。理由有三：其一，雖然文瀾閣四庫全書本已佚，但是在毁壞之前的愛日精盧藏文瀾閣傳鈔本著録於愛日精盧藏書志，並全文鈔録了其中的張翥、吴鑒二序及吴鑒清源續志序，不見相當重要的汪大淵後序，(一)淵本和津本均有汪大淵的後序，不具汪大淵後序當是文瀾閣四庫全書本的特徵之一，而丁本亦無汪大淵後序。其二，所有四庫全書鈔本的行款是一致的，均是半葉十一行行二十一字，丁本與此一致。其三，愛日精盧藏書志、皕宋樓藏書志鈔録的序言頗有一些錯字，其中如張翥序「班史傳」作「班班史傳」，吴鑒序「執事」作「熟事」，丁本亦同。當然，丁丙出生於道光十二年（一八三二年），文瀾閣毁壞在咸豐十一年（一八六一年）太平軍攻入杭州，似乎此前年紀尚輕的丁丙不至於會在文瀾閣大量鈔書。更何況，在太平軍攻入杭州的時候，丁氏自家的藏書也幾乎

(一)（清）張金吾愛日精盧藏書志卷十七史部地理類外紀，馮惠民整理，中華書局，二〇一二年，第二四〇至二四二頁。

完全被毁了，此前钞的书也留不下来。確實，丁丙的藏書目録八千卷樓書目中著録過九部「文瀾閣傳鈔本」，不過我估計總體也是和皕宋樓藏書志著録的「文瀾閣傳鈔本」一樣的情況。因此，仍可估計丁本是文瀾閣被毁後從某種文瀾閣傳鈔本轉鈔的可能性爲最大。而這種文瀾閣傳鈔本，或許就是皕宋樓所藏。丁丙與陸心源年歲相仿，是同時代的大藏書家，且丁丙藏書樓所在的杭州和陸心源藏書樓所在的湖州相去不遠，兩人在藏書方面有所交流也在情理之中。特别是丁丙主持文瀾閣四庫全書補鈔時從江南各藏書家中借鈔，陸心源皕宋樓也是其中之一。㈠

根據島夷誌略校釋的校勘，可知丁本和津本關係密切，這應該源於文瀾閣四庫全書和文津閣四庫全書之間的密切關係。

（七）光緒時期補鈔文瀾閣四庫全書本（補瀾本）

此書現存浙江省圖書館，係咸豐年間文瀾閣四庫全書被破壞後的重鈔本。二〇一五年杭州出版社文瀾閣欽定四庫全書影印出版全部文瀾閣四庫全書。一九二三年

㈠ 石祥杭州丁氏八千卷樓書事新考，第四二至四三、七七至八〇頁。

出版的壬子文瀾閣所存書目著録作：「島夷誌略一卷。一册。補鈔。」(一)此本前有四庫提要，不過没有像其他四庫本那樣有明確的上書時間，只是作「乾隆　年　月恭校上」，有張翥、吴鑒二序，首題「原序」，又有吴鑒清源續志序；末無汪大淵後序，有袁袠跋，首題作「跋」。

從四庫提要，張翥序、吴鑒序及吴鑒清源續志序，到正文、袁袠跋，丁本與補瀾本高度一致。此外，有不少文字錯誤也是一致的。例如四庫提要「所作清源續志」誤作「所清源續志」，張翥序「班班史傳」誤作「班史傳」，吴鑒序「執事」誤作「熟事」，「彭坑」條「黄熟香頭」誤作「黄熱香頭」，「僧伽剌」條「宛然」誤作「穴然」，「第三港」條「其肉腐爛」誤作「其内腐爛」，「千里馬」條「桂屑」誤作「柱屑」，「大佛山」條「界于」誤作「界子」，「大烏爹」條「皮幣」誤作「史幣」，等等。不過，各有正誤的地方也有一些。例如吴鑒序「工部尚書」丁本誤作「正部尚書」而補瀾本不誤，「三島」條「釀蔗漿爲酒」補瀾本誤作「釀蔗醬爲酒」而丁本不誤，「賓童龍」條「次曰」丁本誤作「次白」而補瀾本不誤，「曼陀郎」條「木犀花」補瀾本誤作「末犀花」而丁本不誤，等等。

(一) 錢恂壬子文瀾閣所存書目卷二史部地理類外紀，民國十二年浙江公立圖書館刻本，第三十四葉。

那麽，兩種版本是怎樣的關係呢？

最合適的估計，應該是丁本和補瀾本是同源的，也就是都源於前文所論及的文瀾閣傳鈔本。確實，丁丙是大藏書家，想來不會等到要補鈔毁壞的文瀾閣四庫全書時才注意到流傳不廣且四庫著録的島夷誌略一書，現存丁本鈐印「四庫著録」已足以説明丁丙鈔書時對於四庫全書是十分熟悉的。他在獲得文瀾閣傳鈔本島夷誌略之後，分鈔兩份，一份作爲文瀾閣四庫全書，一份自存，完全可能。

（八）光緒十八年龍鳳鑣知服齋叢書刊本（龍本）

此本是現知唯一的島夷誌略舊刻本。前有四庫提要，張翥、吴鑒二序，張翥序首題「島夷誌略序」，及吴鑒清源續志序，還有目録，具有目録是與其他版本都不同的地方；末有汪大淵後序，首題「島夷誌後序」，有袁表跋。半葉十三行行二十二字。末署「順德龍鳳鑣校栞」一行。

根據島夷誌略校釋，可知龍本和彭本的文字非常接近，遠遠超過與其他版本，使人懷疑龍本就出自彭本。按彭本有大量的文字校改之處，其中又以書前的三篇序言爲最多。拿三篇序言經過校改的文字與龍本比較，可以發現校改之處與龍本完全一致。（圖二）其實有的地方彭本的校改文字並不可取，例如吴鑒序開頭的「及秦罷侯置守，廢列國史，漢馬遷作史記」，校改爲「及秦罷侯置守，廢列國，西漢馬遷作史記」（圖二左下），顯然有誤，而龍本完全一樣。彭本也有一些闕字，其中闕一字的地方龍本統統不闕，而闕字較多的兩處則在龍本中仍然保留。彭本「交趾」條「酋長以　女爲妻」，龍本作「酋長以文田案：缺二字，疑姓女。爲妻」。彭本「日麗」條「貿易之貨，用青磁器、花布、粗碗、鐵塊、小印花　之屬」，龍本作「貿易之貨，用青磁器、花布、粗碗、鐵塊、小印花原脱七字。之屬」。有的地方彭本闕一字而龍本不闕，龍本並不可靠。例如「龍牙菩提」條「浸　根汁以釀酒」，闕一字，龍本闕字作「葛」，而淵本、津本均作「芋」。島夷誌略所載以葛根汁釀酒僅見於羅衛，而有多國均載種薯芋，龍牙菩提即其中之一。葛根、芋（薯芋）根均爲淀粉質塊根，葛根汁可以釀酒，想來芋根汁也可以釀酒。因此可以估計是龍本將彭本原有的闕字都根據文意盡量補出來了，因此不免有誤。這種情況和津本倒是有點相仿。彭本除了多有校改，還在吴鑒序和張翥序連書的地方劃出一道横線，並在天頭處標明「另行」二字；在原本换行的地方使用表示文字銜接到一起的勾連符號，這些情況應該是用於刊刻時所留。（圖二左下）如此看來，龍本當是根據彭本刊刻無疑。

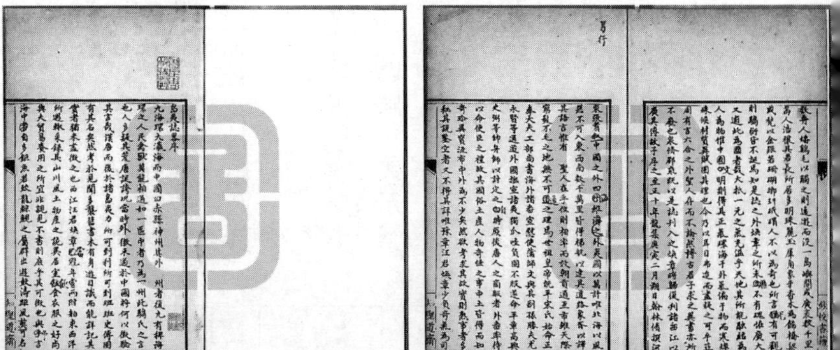

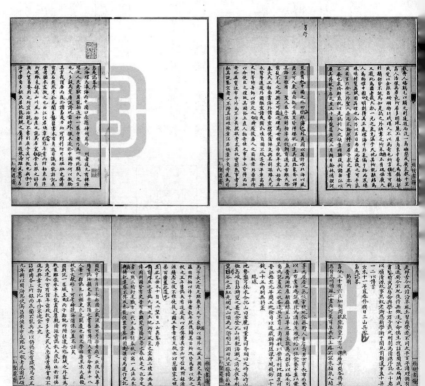

圖二 島夷誌略 彭氏知聖道齋鈔本序言部分顯示的校改與勾畫符號

不過彭本不載四庫提要，那麽龍本的四庫提要從何而來呢？龍本刊刻之時，四庫全書總目已經很流行，查龍本的四庫提要與四庫全書總目完全一樣，想必就是由此鈔出的。

綜合以上的考述，可以將島夷誌略各種版本之間的關係表示爲下圖（圖三）：

二、島夷誌略的校勘

島夷誌略傳世主要依靠鈔本，轉輾鈔書，很容易出現訛誤，所以很早的時候就有藏書家在鈔本上進行校改。

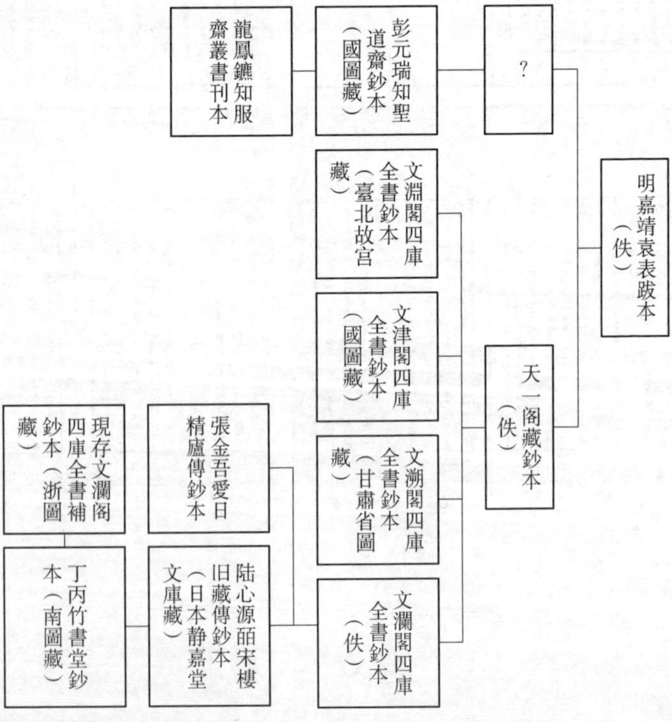

圖三　島夷誌略諸舊本關係示意圖

早在清中期，知名藏書家彭元瑞在其知聖道齋鈔本島夷誌略中就做過不少校改，主要集中在書前的三篇序言，正文中有十六條校改，跋文中也有校改，基本是每條涉及一二字而已，並且似乎都是根據文意改的錯字。前文已經舉過一些例子。

丁丙竹書堂校録本也有少量的校改，也多是根據文意所作的改正。書中共有四處校改文字粘簽，分别是：第一簽，第五葉上「賓童龍」條「若則𩟐食其糞」之「若」改爲「否」；第二簽，第十四葉下「重迦羅」條「不容一二萬人」之「不」改爲「可」（粘於第十五葉上）；第三簽，第十五葉下「蘇禄」條「七八百餘綻」之「綻」改爲「定」（粘於第十六葉上）；第四簽，第二十二葉下「僧伽剌」條「温潤而壯徤」之「徤」改爲「健」。此外第四簽「僧伽剌」條還指出「穴然佛家種子」之「穴」爲誤字但不知該作何字。

龍鳳鑣知服齋叢書本，末署「順德龍鳳鑣校栞」，「栞」爲「刊」之異體字，用一「校」字表示此書經過了校勘。全書共有七處雙行夾注，爲晚清學者李文田的按語。分别爲張翥序二處、吴鑒序一處、吴鑒第二序二處、「交趾」條一處。其中校改文字兩處，分别在張翥序和「交趾」條，張翥序「莫可名教」下注云：「文田案：教當作數。」「交趾」條「酋長以□□女爲妻」所缺二字下注云：「文田案：缺二字，疑姓女。」其他則是元代紀年的説明，均係無關要緊之處。以上均出現在此書的前面，顯然是未竟之作。李文田是晚清關注元史的重要學者，也是知名的藏書家，所著元秘史注、西遊録注、雙溪醉隱集箋均有關元代文獻的整理和注釋，此外元史地名考、和林金石録兩部著作也是有關元史的，想必因爲關心元代文獻而關注到島夷誌略這一重要的元代古籍。李文田亦順德人，懷疑是龍鳳鑣從李文田處獲得島夷誌略的鈔本，將之刊刻，而將李文田隨手寫下的片言隻語也一並刻出。前文已經推測龍本出自彭本，很可能彭本到了晚清時期一度爲李文田所有。

此外，四庫全書諸本鈔録的時候也進行了或多或少的校正，只是不像上述幾個本子有明確的痕跡。

當然，以上各本在島夷誌略的校勘方面都只是局部處理而已，特别是未能利用其他的版本、其他的文獻開展工作，限制了校勘的成效。全面進行校勘的有沈曾植島夷誌略廣證、藤田豐八島夷誌略校注、蘇繼廎島夷誌略校釋三家。近來許全勝先生整理沈曾植校勘注釋的知服齋叢書本島夷誌略稿本時也做過一些校改，稱爲島夷誌略箋注，收入沈曾植史地著作輯考。島夷誌略箋注和島夷誌略廣證差别不大，可以作爲一種著作對待。以下對三書的校勘情況略作介紹和評價。

（一）沈曾植島夷誌略廣證（島夷誌略箋注）

沈曾植島夷志略廣證作於光緒十九年（一八九三年）之後，民國元年（一九一二年）上海國粹學報社收入古學彙刊第三編鉛印線裝出版。古學彙刊書前有提要云：「島夷志略廣證二卷　稿本　嘉興沈曾植撰。曾植字子培，號乙盦，博極群書。就元汪大淵書以新舊各圖證之，藉以考見南洋各島唐宋迄今之航路，并考及西洋人所建商埠，亦即古來商賈匯萃之區云。」㈠

島夷誌略廣證是在龍本的基礎上進行校改的，涉及島夷誌略序跋和正文的條目四十三條，共達九十五處。但是他並未利用島夷誌略的其他版本，主要是根據文意以及同書其他地方的證據，改正原書的誤字。此外，還根據相關文獻進行校改，如西洋朝貢典録、星槎勝覽、海國聞見録、東西洋考、東南海夷總圖（按此圖出自廣輿圖）、宋史、續文獻通考、諸蕃志、海録、事林廣記、明史、海國圖志等（以上按照在書中出現的先後順序排列）。其中尤以星槎勝覽利用較多，這和星槎勝覽大量因襲島夷誌略的條文有關，也是在没有其他版本可供校勘的時候選爲文字校改依據的一種明智的手段。星槎勝覽分爲前後兩集，費信自序云：「前集者親監目識之所至也，後集者採輯傳譯之所實

㈠ 鄧實、繆荃孫編古學彙刊第一册，影民國元年至三年國粹學報社排印本，廣陵書社，二〇〇六年，第二九頁。

也。」前集中已有一些條目因襲島夷誌略，後集則更是多數條目都根據島夷誌略鈔撮成文的。㈠

島夷誌略廣證大多數的校改是可取的，部分地名的校改問題大一些。總體而言，在當時的條件下，特別是没有島夷誌略其他的版本可用，沈曾植能夠在此書的校勘方面取得不少成績，還是難能可貴的。沈曾植的校勘做法特别是利用相關文獻的方法對以後的校勘者也有啓發。許全勝先生稱「沈曾植在注釋的同時做了不少版本校勘的工作，其中有不少好的意見」，㈡並列舉了書中二十三個校勘的例子作説明。㈢他的評價是中肯的，不少例子在今天仍有參考價值。

在此，還可以補充在今天看來仍具有參考價值的例子。例如「大八丹」條載：「田平豐

㈠ 對此，早在民國時期馮承鈞先生作星槎勝覽校注時或已將島夷誌略中的文字鈔在相關之處，或將島夷誌略的文字不同之處予以説明。（馮承鈞星槎勝覽校注，商務印書館，一九三八年；中華書局，一九五四年）筆者近來則將星槎勝覽與島夷誌略特别密切的條目進行了全面的文字比較，涉及前集五條和後集十六條。（楊曉春再論汪大淵與島夷誌，絲路文化研究第七輯，商務印書館，二〇二二年）

㈡ 許全勝沈曾植史地著作輯考，中華書局，二〇一九年，第一一四頁。

㈢ 許全勝沈曾植史地著作輯考，第一一四至一一二四頁。

稔，時雨霑渥。近年田中生叢禾，丈有餘長，禾莖四十有八，穀粒一百三十，長半寸許，國人傳玩以爲禾王。民掘禾土移至酋長之家。一歲之上，莖不枯槁。後其穗自墜，色如金。養之以檳榔灰，使其不蛀。迨今存其國，時出曝之，以爲寶焉。」（據島夷誌略校釋）〔一〕「民掘禾土」，島夷誌略廣證作「民間禾王」，〔二〕島夷誌略校注作「民堀禾土」，注云：「『堀』，知服齋本作『間』，今據丁本改。『土』，沈本作『王』。」〔三〕島夷誌略校釋校勘記云：「民掘禾土　丁本同，彭本、龍本『掘』作『間』。」〔四〕從文意看，「民掘禾王」爲最佳，「禾王」係承上「國人傳玩以爲禾王」而言。

甚至有些並非最終結論的校勘意見，對我們今天仍有啓發。例如「甘埋里」條云「國居

〔一〕（元）汪大淵著、蘇繼廎校釋島夷誌略校釋，第二八〇頁。
〔二〕沈曾植島夷誌略廣證卷下，載鄧實、繆荃孫編古學彙刊第一册，影民國元年至三年國粹學報社排印本，第六一〇頁。按：島夷誌略廣證稿本並未改字。（許全勝沈曾植史地著作輯考，第三四二頁）
〔三〕藤田豐八島夷誌略校注，載羅振玉校補雪堂叢刻第三册，第一六五頁。
〔四〕（元）汪大淵著、蘇繼廎校釋島夷誌略校釋，第二八〇頁。

西南馮之地」，「西南馮」作爲地名很難理解，㈠沈曾植將「馮」改爲「洋」，使得文意能夠理解。㈡當然，島夷誌略全書有「東洋」、「西洋」，並不再見到「西南洋」的用詞，是否還有「西南洋」並不能肯定。「馮」也許是「隅」之誤。島夷誌略「馬八兒嶼」條稱「控西北之隅」，「曼陀郎」條稱「國界西北隅」。

此外，沈曾植對於目録中地名的排序，也提出了一些意見，認爲「崑崙」應該在「賓童龍」之後，「靈山」應該在「交趾」之後，「東西竺」應該在「彭亨」之後，這都是根據地理位置的考訂意見提出來的，使位置接近的地名排列在一起。

（二）藤田豐八島夷誌略校注

藤田豐八島夷志略校注先收入羅振玉編纂的叢書國學叢刊，於民國三年（一九一四

㈠ 一百年前柔克義曾英譯了島夷誌略中的不少條目，其中也包括「甘埋里」條，他將條首的一句翻譯作：「This country is the land of the fleet horse of the south-west, and is not far from Fo-lang（與佛郎相近，the country of the Franks).」（W. W. Rockhill, 「Notes on the Relations and Trade of China with the Eastern Archipelago and the Coasts of the Indian Ocean during the Fourteenth Century」, Part II, V, *T'oung Pao*, Second Series, Vol.16, No.5, 1915, p.623.）以「快馬（fleet horse）」對譯「馮」，只是模糊地取「馮」字的表面意思，對於相關地名問題的解決無濟於事。

㈡ 沈曾植島夷誌略廣證卷下，載鄧實、繆荃孫編古學彙刊第一册，第六三〇頁。

年）鉛印線裝出版；隨後又收入羅振玉編纂的叢書雪堂叢刻，於民國四年（一九一五年）鉛印線裝出版。兩種叢書所收大部分書籍種類是一樣的，島夷志略校注即是兩種叢書均予收入的，並且實際上也是一種版本。㈠ 民國二十五年（一九三六年）北京文殿閣書莊將其收入國學文庫洋裝本鉛排再版。㈡

島夷誌略校注以龍本爲底本，以丁本爲校本進行通校，這是島夷誌略整理中第一次利用不同版本進行的校勘，難能可貴。尤其是丁本與龍本有較大差異，更保證了校勘的效果。

島夷誌略校注也利用其他傳世文獻進行校勘，效果也很好。所利用的文獻有星槎勝覽（天一閣本）、西洋朝貢典録、諸蕃志、嶺外代答、明一統志引島夷誌、事林廣記、鄭和航海圖、夢粱録（以上按照在書中出現的先後順序排列）。這類文獻的利用，和藤田豐八是研究

㈠ 民國線裝圖書總目收録了民國三年國學叢刊、民國四年雪堂叢刻兩種叢書的書影，列舉了每一種子目并附首頁書影，均包括島夷志略校注。（中國國家圖書館、中華書局編民國線裝圖書總目第四輯，中華書局，二〇一九年，第一一七、一一三八頁）又查中國古籍總目著録的宣統三年石印本國學叢刊子目中並無島夷志略校注，（中國古籍總目編纂委員會編中國古籍總目叢書部，中華書局、上海古籍出版社，二〇〇九年，第六五〇至六五一頁）

㈡ 國學文庫本扉頁注明「據國學叢刻本重印」，所謂「國學叢刻」就是「國學叢刊」。

東西海上交通史的大名家是有很大關係的，藤田豐八差不多把元代前後的南宋、明朝時期成書的與島夷誌略有密切關係的海外交通著作都予以利用了。其中星槎勝覽和明一統志引島夷誌的系統利用至關重要。星槎勝覽大量因襲島夷誌略已見前説，明一統志所引島夷誌實際上是島夷誌略的早期傳本，島夷誌略最初即名島夷誌，明代也幾乎都稱作島夷誌，清代之後才稱爲島夷誌略。(一) 這是島夷誌略成書之後早期文獻中系統引用島夷誌(島夷誌略)最爲主要的實例，因爲島夷誌略並無較早較好的版本行世，所以早期傳本的引用實例在校勘中有其獨到的價值。雖然藤田豐八用於校勘的傳世文獻種類並不多，但是鎖定最爲重要的兩種，並作系統的比對，實際的校勘效果是很好的。

此外，島夷誌略校注還充分利用島夷誌略本書中可以互證的其他條目的内容及文字，也注意吸收沈曾植的校勘意見。當然，像星槎勝覽這一類書也是沈曾植首先利用的，只不過其利用得不夠全面，既使是利用最多的星槎勝覽，也只用了寥寥數條。

除了前面所述及的利用丁本和各種海外交通文獻，藤田豐八頗佳的漢文文言理解能力在校勘中也起到了很好的作用。例如「彭坑」條「凡講婚姻，互造換白銀五錢重爲準」，注

(一) 楊曉春再論汪大淵與島夷誌，絲路文化研究第七輯。

云：「『互』，知服齋本作『五』，今依丁本改。互造，猶言兩造也。」㈠「吉蘭丹」條「男女束髮，繫短衫，布皂縵」，注云：「疑是『穿短衫繫皂縵』之誤。」㈡大多數文意理解有問題的地方，藤田豐八都提出了自己的校勘意見，即便不能作爲定論，也往往有所啓發。

總之，藤田豐八的不少校勘意見直到今天仍有重要的參考價值。在此再舉兩個蘇繼廎島夷誌略校釋未予採納，而筆者認爲仍以藤田豐八的意見最爲可取的例子。

島夷誌略「丁家盧」條載：「男女椎髻，穿緑纈布短衫，繫遮里絹。」島夷誌略校注注云：「『遮』疑『越』之訛。諸蕃志占城屬國有越裹，元史作越里。」㈢島夷誌略校釋注釋引及藤田之説，並以爲越裹、越里似爲 Parik 之對音，在今越南南部，似與遮里絹一名無關，其地亦未聞産織物。又疑遮里絹指印度馬拉巴爾海岸 Chalia 市所産之絲與羊毛織成之布，阿拉伯地理學家作 shāliyat 或 shālīāt。㈣按絹自當指絲織物爲宜，島夷誌略記多地貿易之貨用紅絹、色絹、五色絹、諸色絹等，將遮里絹解釋成絲毛混紡物，似乎不可取。諸蕃志記占城産絲

㈠ 藤田豐八島夷誌略校注，載羅振玉校補雪堂叢刻第三册，第五五頁。
㈡ 藤田豐八島夷誌略校注，載羅振玉校補雪堂叢刻第三册，第五六頁。
㈢ 藤田豐八島夷誌略校注，載羅振玉校補雪堂叢刻第三册，第五八頁。
㈣ （元）汪大淵著、蘇繼廎校釋島夷誌略校釋，第一〇五頁。

綾布，(一)似是絲織物，則其屬國越裏産絹，亦非不可能。又島夷誌略「東沖古剌」條載男女「繫越里布」，且「遮」與「越」字形比較接近。則藤田疑「遮」爲「越」之訛，或許可取。

島夷誌略「三佛齊」條載：「地産梅花片腦、中等降真香、檳榔、木綿布、細花木。」島夷誌略校注注云：「此書重迦羅産物中有細花木棉單，『木』下殆奪『棉單』二字。」(二)島夷誌略校釋未出校勘記。按細花木不見記載，藤田之説可取。又「木」作「布」似亦可通。西洋番國志卷一「占城國」條云「(國王)身衣五色長衣，以細花布爲之」，「滿剌加國」條云「(王)身衣細花布如袍長」。(三)不過島夷誌略所載三佛齊貿易之貨有「花布」，則物産「細花布」之可能性又似不大。仍以藤田豐八的意見最爲可取。

還有島夷誌略校注的一些校勘成果，後出的島夷誌略校釋雖然在校勘記中吸收了，但是正文並未改動，閲讀者不一定很注意。其實也是可以適當改動正文的，並不違反校勘的原則。例如島夷誌略「丁家盧」條載：「今酋長主事貪禁，勤儉守土。」島夷誌略校注注云：

(一)此據學津討原本，中華書局諸蕃志校釋以函海本爲底本，則作「絲絞布」。〔(宋)趙汝适原著、楊博文校釋諸蕃志校釋，中華書局，二〇〇〇年，第九頁〕

(二)藤田豐八島夷誌略校注，載羅振玉校補雪堂叢刻第三册，第七八頁。

(三)(明)鞏珍西洋番國志卷一，向達校注，中華書局，二〇〇〇年，第二、一五頁。

「『主』疑『不』之訛，『禁』殆『婪』之訛。」㈠島夷誌略校釋校勘記中引録這一意見，但是並未發表意見，更未改動正文。㈡按「貪禁」不易理解，並且所謂「主事貪禁」與「勤儉守土」完全矛盾，藤田豐八的意見可取。查淵本「禁」正作「婪」。而「不」誤爲「主」，完全可能。

考慮到島夷誌略校注不少校勘意見直到今天仍有參考價值，筆者認爲今天在島夷誌略的研讀中仍有直接利用島夷誌略校注的必要。

利用丁本和相關文獻的校勘，再加上文意的理解等等，使得島夷誌略校注中有關文字校勘的內容比比皆是，乃至全書除了第一條「彭湖」、第三十九條「龍牙犀角」、第五十九條「特番利（利當作里）」、第八十五條「巴南巴西」之外，其他九十六條均有校勘成果。所以，可以説島夷誌略校注是關於島夷誌略的第一次真正意義上的全面校勘，當然也是一種高水準的校勘工作。

不過島夷誌略校注比較信任丁本，有時也會帶來一些問題。例如「羅婆斯」條首句「國與僧加那之右山聯屬」，注云：「『僧』，知服齋本作『麻』，今據丁本改。」㈢未説明根據丁本

㈠ 藤田豐八島夷誌略校注，載羅振玉校補雪堂叢刻第三册，第五八頁。

㈡ （元）汪大淵著、蘇繼廎校釋島夷誌略校釋，第一〇二頁。

㈢ 藤田豐八島夷誌略校注，載羅振玉校補雪堂叢刻第三册，第二二四頁。

改的理由。其實作爲域外譯音地名，往往很難僅從字面判斷孰是孰非。而此處彭本作「麻加那」，島夷誌略校注之底本龍本出自彭本，故同。淵本此句前闕四字。丁本、補瀾本作「僧加那」，與津本同，正源於丁本所由來之瀾本與津本的一致，而津本、瀾本系統則没有充分根據的補字。這類問題産生的實質是與島夷誌略校釋一樣的，是因爲没有能夠梳理島夷誌略現存版本之間的關係而帶來的錯誤。

至於島夷誌略校注不收原書的序跋，則是其顯然的缺點。

（三）蘇繼廎島夷誌略校釋

島夷誌略的現代整理本中，聲譽最高、學術價值最爲突出、也最爲學界廣泛利用的是蘇繼廎島夷誌略校釋。此書完成於一九六〇年代，舊稿經過姚楠先生整理（包括通校藤田豐八島夷誌略校注並予補充），一九八一年收入中外交通史籍叢刊於中華書局出版，二〇〇〇年、二〇〇九年重印，誤字略有改正。二〇一一年又收入泉州文庫於上海辭書出版社重新出版。島夷誌略校釋是最爲晚出的一種島夷誌略校勘本，是島夷誌略整理與研究的集大成之作。在校勘方面，利用了當時所能利用的版本，對島夷誌略進行了更爲全面的校勘。底本爲津本，參校本爲龍本、彭本（所用爲過録本）、丁本（所用爲過録本）。校勘中還廣泛參考了寰宇通志引島夷誌、星槎勝覽等其他的文獻，也吸收了沈曾植島夷誌略廣證、藤田豐八島夷誌略校注中的校勘成果(以藤田豐八爲主)。大明一統志係在寰宇通志基礎上重纂,因此很多地方從内容到文辭都十分接近,也包括其中的引書,島夷誌就是其中的一例。因此島夷誌略校釋捨大明一統志而取寰宇通志也算是一種進步。當然,島夷誌略校釋注意到寰宇通志引島夷誌,以及星槎勝覽對於島夷誌略校勘的重要價值應是受到了沈曾植、藤田豐八特别是藤田豐八的啓發。

就校勘而言,島夷誌略校釋有兩大突出的成績:其一,細緻地核對各種版本的文字異同,並在校勘記中作充分體現,符合古籍整理的基本規範。這不但爲島夷誌略的校勘工作提供了基本的依據,還可以一書在手就能方便地瞭解多種版本的文字細節,也爲此後討論各種版本的關係問題提供了便利。其二,底本文字有問題的地方(其中有不少是其他版本也存在問題的),大多數進行了處理,並得到解決,使得島夷誌略的閲讀障礙大大減少,很好地推進了島夷誌略的利用與研究。

不過,島夷誌略校釋畢竟是六十年前的舊作,在校勘方面還存在着一些明顯的不足,有些地方甚至嚴重地影響到對島夷誌略的理解。相關情況,本文下一節將予以詳細説明。

三、島夷誌略校釋在校勘方面的不足

第一，未能釐清島夷誌略各種版本之間的關係，導致底本的選擇有失誤。島夷誌略校釋以津本爲底本。如前文所述，津本表面上看來文字俱全，其實是出於傳鈔者的理解而增補的闕文，絶大部分都是有問題的。其實當時已能利用的最佳的底本是彭本。雖然島夷誌略校釋根據包括彭本在内的其他版本進行了校勘，但是很多時候較難判斷，因此不能都根據彭本來改正津本。

總體而言，島夷誌略校釋對於津本是比較信任的，也許這也正是以津本爲底本的原因。當然，整理者也没有作出充分的説明。這樣，在三種校勘本中就出現了島夷誌略校釋與島夷誌略廣證、島夷誌略校注在整理方面的一個根本不同——底本的差異。

偏信津本帶來了一些比較嚴重的問題：

第一，文字不夠準確，而這種不準確性又往往具有迷惑性，不容易爲讀者發現。不過如果和闕文很少的彭本以及繼承彭本的龍本比較，便可以發現這些臆補的文字在文意上也往往要欠缺不少的。

前文已經舉過一些例子，這樣的例子是非常普遍的。其次是對域外地名的有些判斷造成失誤。例如「甘埋里」條首句的地名，彭本爲「國居西南馮之地」，淵本前三字闕，津本作「其國邇南馮之地」，島夷誌略校釋據津本所補，以爲「南馮」爲一地名，並從對音上進行考證，認爲是 Namakdan 之省音，(一) 這便有很大的偏差了。

第二，未能利用文淵閣四庫全書本。

當然，不能要求在數十年前的條件下一定能夠利用到淵本。不過考慮到淵本在島夷誌略版本系統中的重要的位置——四庫全書鈔本中最早的一種且保持了天一閣藏本的基本面貌，且有其獨到的校勘價值，不能不説這也是一個重要的失誤。

也許這和過去大家通常都不太注意四庫全書各鈔本之間的差異有關，雖然這個問題很早的時候陳垣先生就有重要提示。因爲四庫全書各鈔本之間的差異並非是一概而論的，所以一般情況下並不能引起高度的重視。

第三，利用的各種版本，有部分文字信息是不準確的，這尤其反映在彭本之中。因爲島夷誌略校釋利用的彭本爲過録本，有時不免帶來一些不準確之處，甚至影響校勘時的判斷。

(一) (元) 汪大淵著、蘇繼廎校釋島夷誌略校釋，第三六八頁。

如「交趾」條「酋長以同姓女爲妻」一句下的校勘記云：「以同姓女爲妻　『姓女』二字原作『國人』，丁本同。彭本作『姓女』，龍本此二字缺，李文田注：『缺二字疑作姓女。』今依彭本改。」㈠查彭本實亦缺二字，淵本同。而李文田則據文意疑爲「姓女」二字。因此缺字並無充分理由補爲「姓女」二字。又島夷誌略校注作「酋長以國人爲妻」，注云：「知服齋本缺『國人』二字，李文田云疑缺『姓女』二字，今依丁氏鈔本。」㈡則正文脱「同」字。津本及丁本作「國人」二字，酋長娶妻爲同國人，不是特别之事，或許此二本仍據文意而補。同姓之女，較爲特别，但非確論，李文田也只是懷疑。所以此處的闕字，可以仍作闕文來處理。

又如「班卒」條有一處校勘記云：「緞錦　『緞』原作『假』，丁本、彭本同，龍本作『緞』，今依改。『錦』，丁本、龍本同，彭本作『金』。」㈢其實彭本作「錦」，校勘記後半條不需要出。

又如島夷誌後序有一條校勘記云：「監郡偰侯　『郡』原作『羣』，龍本同，『侯』原作

㈠（元）汪大淵著、蘇繼廎校釋島夷誌略校釋，第五一頁。

㈡藤田豐八島夷誌略校注，載羅振玉校補雪堂叢刻第三册，第二五頁。

㈢（元）汪大淵著、蘇繼廎校釋島夷誌略校釋，第一九六頁。

『侯』，彭本作『郡』、『侯』，今依改。」(一)查彭本實作「群」、「候」。可見龍本文字確實與彭本非常接近，連此類比較明顯的錯字都是一樣的，很可以説明龍本就出自彭本。當然也説明某種程度上津本和彭本的同源關係。倒是淵本作「郡」、「侯」，也許是鈔録改動的結果。當然，此處的文字訛誤是比較容易改正的。

島夷誌略校釋利用的丁本也是過録本，也有一些文字不準確的地方。如「烏爹」條「既無稂莠之雜」，「稂」誤爲「糧」；(二)「異聞類聚」條「次曰一國」，誤以爲「次曰」和「國」之間有兩字的空白。(三)

第四，排印中還有一些文字方面的少量訛誤。一九八一年第一次印刷中的排印錯誤在二〇〇〇年第二次印刷時得到部分更正，例如張翥序言「西江汪君焕章」之「汪」，一九八一年的版本作「江」，二〇〇〇年重印改正爲「汪」。不過現在的第二次印刷本仍有少量的排印錯誤。以下舉誤字、倒乙、脱字的例子各一。

(一)(元)汪大淵著、蘇繼廎校釋島夷誌略校釋，第三八五頁。
(二)(元)汪大淵著、蘇繼廎校釋島夷誌略校釋，第三七六頁。
(三)(元)汪大淵著、蘇繼廎校釋島夷誌略校釋，第三八〇頁。按：此處島夷誌略校釋作「次曰骨利國」。

誤字的例子，如「八節那間」條云：「俗尚邪，與湖北道澧州風俗同。」(一)「澧」爲「灃」之誤。其底本津本及彭本、淵本等均作「灃」。查元史地理志，江南湖北道肅政廉訪司領澧州路。(二)「澧」、「灃」形近而誤。

倒乙的例子，如「古里佛」條地産有「薇薔水」，(三)顯然爲「薔薇水」之誤，各種舊本均作「薔薇水」。

脱字的例子，如「大佛山」條有一處對話：「『此非月中娑羅樹者耶？』曰：『亦非也。』」(四)其底本津本及彭本、淵本等「樹」後均有「影」字。從文意上來看，有「影」字更爲合適，是指月中樹影倒映在水中。而島夷誌略校釋的注釋中説「然印度人所傳月中樹影是閻浮樹影而非娑羅樹影也」，(五)看來這也是排印中刊落了「影」字的緣故。

此外還有像「尖山」條有一處校勘記：「水米　丁本、彭本、龍本同。藤田云：『水』殆

(一)(元)汪大淵著、蘇繼廎校釋島夷誌略校釋，第一三八頁。
(二)元史卷六三地理志六，中華書局校點本，第一五二五頁。
(三)(元)汪大淵著、蘇繼廎校釋島夷誌略校釋，第三二五頁。
(四)(元)汪大淵著、蘇繼廎校釋島夷誌略校釋，第三一一頁。
(五)(元)汪大淵著、蘇繼廎校釋島夷誌略校釋，第三一三至三一四頁。

『忄』之訛。」(一)作「忄」顯然不通，查島夷誌略校注原書，則作「小」。(二)

四、文淵閣四庫全書本島夷誌略的校勘價值

島夷誌略校釋出版四十年來，也正是景印文淵閣四庫全書廣爲學界利用的四十年，不過學界在有關島夷誌略的研究中對淵本是不太重視的。我想也正是因爲四庫全書各個鈔本在多數情況下是十分接近的，所以在沒有足夠預期的情況下學者很少會以四庫全書的不同鈔本進行文字比對。大概因此之故，在島夷誌略的校勘工作方面就一直遺留了淵本的校勘問題。

前文已經簡單涉及淵本的版本特徵和淵本在保留天一閣藏本面貌方面的關鍵作用，在此就淵本的校勘價值再作進一步的説明。

首先，根據淵本可以改正其他版本的文字錯誤，包括整理本島夷誌略校釋仍未能改正的文字錯誤。

(一)(元)汪大淵著、蘇繼廎校釋島夷誌略校釋，第一三六頁。
(二)藤田豐八島夷誌略校注，載羅振玉校補雪堂叢刻第三册，第七四頁。

這是淵本最主要的價值，相關例子非常之多，在此舉一些比較容易説明問題的例子。所引島夷誌略則據島夷誌略校釋，要討論的文字是島夷誌略校釋利用的各種版本基本上都一致的，偶有不同，則予説明。

「崑崙」條云：「雖則地無異産，人無居室，山之窩有男女數十人，怪形而異狀，穴居而野處，既無衣褐，日食山菓、魚蝦，夜則宿於樹巢，仿摽技野鹿之世。何以知其然也？」(一)「摽技」，淵本作「標枝」，是。按「標枝野鹿之世」語出莊子天地：「至德之世，不尚賢，不使能，上如標枝，民如野鹿。」(二)汪大淵此處行文，描述的正是原始社會的模樣，所以化用了莊子中的文字。(三)

「靈山」條云：「舶至其所，則舶人齋沐三日，其什事，崇佛諷經，燃水燈，放彩船，以禳本

(一)(元)汪大淵著、蘇繼庼校釋島夷誌略校釋，第二一八頁。
(二)(清)郭慶藩莊子集釋外篇天地，王孝魚點校，中華書局，一九九五年，第四四五頁。按：「德」字或作「治」。
(三)島夷誌略中有一些生僻的詞彙出自尚書、詩經、左傳等經典，此處套用莊子中的表達也是一例；「大佛山」條的文字則顯示了汪大淵不錯的文學造詣，此條也記到他作詩的情形。凡此，説明汪大淵是具有相當文化修養的人士，當另文詳論。

舶之災，始度其下。」㈠「其」，淵本作「具」，一下子文從字順了。

「僧加剌」條云：「疊山環翠，洋海橫絲。」㈡「絲」，彭本、丁本同，龍本作「繫」，均不可解，而淵本作「絡」，閱讀中的疑問一下子就解決了。

「大佛山」條是島夷誌略中非常知名的一條，記下了至順庚午冬十月十有二日這一汪大淵在海外活動的具體時間，非常可貴；也是與衆不同的一條，並非像此書的絕大多數條目那樣記海外某地的自然地理、衣冠服飾、風土人情、物産貿易等常規内容，而是一個獲得珊瑚樹的個人親歷故事，富於故事情節。其中云：「余次日作古體詩百首，以記其實。」㈢獲得珊瑚樹就作詩百首，令人生疑，所以島夷誌略校釋也懷疑「首」爲「韻」之訛誤。而淵本則「百」作「一」，可通。

「須文那」條云：「孩兒茶又名烏爹土，又名胥實失之，其實檳榔汗也。」㈣「失」，淵本作「考」，全句可標點作「孩兒茶又名烏爹土，又名胥實，考之其實，檳榔汗也」，則文意全通。

㈠（元）汪大淵著、蘇繼廎校釋島夷誌略校釋，第二二三頁。
㈡（元）汪大淵著、蘇繼廎校釋島夷誌略校釋，第二四三頁。
㈢（元）汪大淵著、蘇繼廎校釋島夷誌略校釋，第三一一頁。
㈣（元）汪大淵著、蘇繼廎校釋島夷誌略校釋，第三一四頁。

其次，可以證實島夷誌略廣證、島夷誌略校注、島夷誌略校釋這三種校勘本校改之正確與否。

例如「丹馬令」條物産部分彭本、津本、丁本、龍本均作「産上等白錫、朱腦、龜筒、鶴頂、降真香及黄熟香頭」，按「朱腦」無此物，島夷誌略廣證改「朱」爲「生」。(一) 島夷誌略校注云：

「朱」殆「片」之訛。諸蕃志「腦子」條云：腦子出渤泥國，又出賓窣國 Pansur。其成片者謂之梅花腦，以狀似梅花也。明黄衷海語云：片腦産暹羅諸國，惟佛打泥 Patani 者爲上。(二)

島夷誌略校釋將「朱」校改爲「米」。其校勘記云：

(一) 沈曾植島夷誌略廣證卷下，載鄧實、繆荃孫編古學彙刊第一册，第五六六頁。按：許全勝在研究中還指出島夷誌略他處只有「片腦」而無「米腦」，又「生」、「朱」形近，以為「生腦」亦有可能。（許全勝沈曾植史地著作輯考，第一一五至一一七頁）

(二) 藤田豐八島夷誌略校注，載羅振玉校補雪堂叢刻第三册，第四六頁。

米腦　「米」原作「朱」，丁本、彭本、龍本同。藤田云：「朱」殆「片」之訛。案：宋史勃泥傳有「米龍腦」，諸蕃志渤泥條作「米腦」，「米」、「朱」字形接近，而「片」、「朱」則否，今依諸蕃志改。(一)

而淵本正作「米」，可知以改作「米」爲是。

又如「吉蘭丹」條云：「繫短衫、布皂縵。」彭本、津本、丁本、龍本均同。島夷誌略校注注云：「疑是『穿短衫繫皂縵』之誤。」(二)島夷誌略校釋原文未改，校勘記中引用了島夷誌略校注的意見，并云：「案：此句似作『穿短布衫，繫皂縵』，文意較合。」(三)查淵本正作「穿短衫，繫皂布縵」。至於島夷誌略校注漏一「布」字，是其不足。

再次，則可以提供具有一定參考價值的異文。

絕大多數情況下，這類異文並不影響文字表達，甚至也不影響文意的理解。偶爾會有

(一)(元)汪大淵著、蘇繼廎校釋島夷誌略校釋，第七九頁。
(二)藤田豐八島夷誌略校注，載羅振玉校補雪堂叢刻第三册，第五六頁。
(三)(元)汪大淵著、蘇繼廎校釋島夷誌略校釋，第九九頁。

一些比較重要的參考的地方。例如「勾欄山」條條名，彭本、津本、丁本、龍本均如此，而淵本則作「交欄山」。這一元代南海交通的重要地點，是元朝征爪哇時曾經停留過的島嶼，島夷誌略此條的記載就涉及征爪哇的史實。關於此地，元明文獻都有記載，有「勾欄山」、「交欄山」兩寫。(一)

五、小結

在今天的條件之下，我們基本上可以釐清現存島夷誌略各種本子之間的關係。考察的結果，大致有這麽幾個主要的結論：一、現存各種本子均源於明嘉靖間袁表跋本(刊本抑或鈔本不明，似乎鈔本可能性大)，均爲清代的本子，除了光緒十八年知服齋叢書本(龍本)爲刊本外其他本子均爲鈔本；二、現存各種本子更爲直接的來源爲天一閣藏本(估計爲鈔本)和彭氏知聖道齋鈔本(彭本)，前者是四庫全書各鈔本的直接來源，但很可能已經佚失，後者尚存，刊印的龍本來自於後者；三、四庫全書各鈔本保存至今的有文淵閣本(淵

(一) 陳佳榮、謝方、陸峻嶺古代南海地名匯釋「勾欄山」條、「交欄山」條，中華書局，二〇〇二年，第二〇三、三八六至三八七頁。

本)、文津閣本(津本)、文溯閣本三種,文瀾閣本則出於光緒年間的補鈔,淵本、津本雖然均源出於天一閣藏本,但是有比較明顯的差異,淵本多闕字卻保留了所根據的天一閣藏本的面貌,是可靠的,津本率意補足闕字,是不可靠的;四、皕宋樓舊藏本、丁丙竹書堂校録本、補鈔文瀾閣四庫全書本均與文瀾閣舊本(瀾本)關係密切,共性突出,而瀾本作爲四庫全書鈔本最爲晚出的部分,與津本的關係比較密切。

從校勘的角度來觀察現存諸本,最爲重要的是彭本和淵本。彭本是現存各種版本中時代較早、内容齊全、文字缺損較少、文字比較準確且經過一些校勘的本子,總體而言是現存各本中最佳的本子,也是最適合作爲底本的本子。淵本也比較完整,序跋俱全,特别勘正了很多錯字,估計爲過録天一閣藏本時的加工,有其獨到的校勘價值,是最適合作爲參校本的本子。

以往的三個校勘本沈曾植島夷誌略廣證(島夷誌略箋注)、藤田豐八島夷誌略校注和蘇繼廎島夷誌略校釋中,以島夷誌略校注和島夷誌略校釋最有價值。島夷誌略校注以龍本爲底本,間接地保存了彭本的優點,校勘方面的成績也是明顯的,但是畢竟所能利用的版本還非常有限,彭本和淵本完全未納入視野,而且所有序跋文字均爲刊落了。島夷誌略校釋是集大成的校勘本,吸收了以往的校勘成果,但是以津本爲底本卻造成校勘方面的基礎性失誤。此外，限於當時的條件，未能利用淵本等等，也帶來不少問題。因爲島夷誌略校釋的極高學術聲譽和廣泛流行，還一定程度掩蓋了此書校勘中的問題，使得相關問題一直没有得到揭示，影響了島夷誌略的學術研究。(一) 島夷誌略校釋的高度流行，也一定程度掩蓋了島夷誌略校注的學術價值，其實我們今天仍有必要直接利用島夷誌略校注。

因此，島夷誌略雖説屢屢經過校勘，但直到今天仍是一部有待進一步校勘整理的古籍。

基於島夷誌略的版本現狀和校勘歷史，新的校勘工作可以設想爲兩種方案。其一是撇開以往的幾種校勘本，完全從現在能夠掌握的各種本子出發，作全新的工作，至於以往三種校勘本的校勘成果特別是寫有校勘記的則可以完整地收入。彭本是最適宜作爲底本的，淵本則可用作最主要的校本。按照現在通行的古籍整理體例，底本準確而參校本不準確的地方就不用出校勘記予以説明了，島夷誌略的重新校勘當然也可以這麽做，不過考慮到島夷誌略各種本子之間的關係還比較複雜，也可以將各種本子的不同之處盡數注出，以達到真正的一本在手而各本皆知的效果。其二是在島夷誌略校釋的基礎上進行，以島夷誌略校釋爲底本，主要利用彭本、淵本進行校勘，進一步吸收島夷誌略校注的校勘成果，從

(一) 島夷誌略校釋在標點方面也有不少可以改進之處。

而改正島夷誌略校釋中的錯誤。這樣的整理方式當然不是古籍整理的通例，但是可以比較好地反映相關工作在島夷誌略校釋基礎上的進步，便於大家的比較和取捨，且相對而言篇幅也要小不少。

補記：一、海上絲綢之路基本文獻叢書（文物出版社，二〇二三年）影印收入了一種島夷誌略鈔本，稱作「明鈔本」，但未説明收藏地，而鈔本本身亦難以看出其抄寫時代。二、海上絲綢之路文獻集成歷代史籍編（福建人民出版社，二〇二三年）第一册也影印收入了彭氏知聖道齋鈔本島夷誌略。

（本文原刊於海交史研究二〇二四年第一期。）